작고 귀여운
자수 액세서리

아마카미 아이코

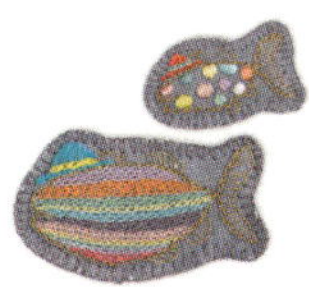

터닝
포인트

Contents

page

팬지
해트핀

how to make : p.56

나비
브로치

how to make : p.57

J. W. DILLON,

시크 & 어스 컬러 주얼리 모티브
머리끈, 머리핀, 목걸이
how to make p.58-59

LETTER'S
VIGNETTE
L'SV
L'SV

플라워
브로치

how to make : p.60-61

로제트
브로치

how to make : p.62-63

두오모, 왕관
브로치

how to make : p.64-65

LES CHAMPS ELYSÉES

Attirance
L. CLAVEL
FRANCE
Parfum
COQUINE
L. CLAVEL
FRANCE
Parfum
CÔTE
D'AZUR
L. CLAVEL
PARIS

나비와 꽃
귀고리
how to make : p.66

꽃
머리끈

how to make : p.67

부케
브로치

how to make : p.66

양말
브로치

how to make : p.68

턱시도 & 드레스
브로치

how to make : p.69

스퀘어, 드롭, 오팔
귀고리, 반지, 헤어핀, 목걸이
how to make p.70-71

크로스＆드롭
목걸이, 귀고리

how to make : p.72-73

파스텔 컬러 주얼리 모티브
목걸이

how to make : p.74-75

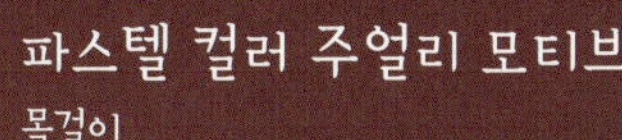

Euthricine SOAP
SHISEIDO GINZA TOKYO

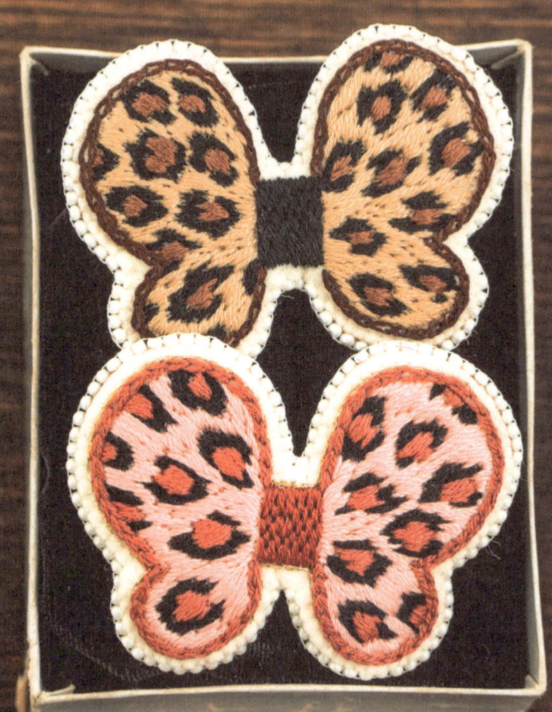

레오파드 무늬 리본
브로치

how to make : p.76

애니멀 무늬 리본
목걸이

how to make : p.77

사자
브로치

how to make : p.78

기린
브로치

how to make : p.78

서커스 텐트
브로치

how to make : p.79

공룡
브로치

how to make : 80

부엉이
브로치

how to make : p.81

공작
브로치

how to make 82

나비넥타이
클립
how to make : 84-85

동물 & 숫자
브로치

how to make 83

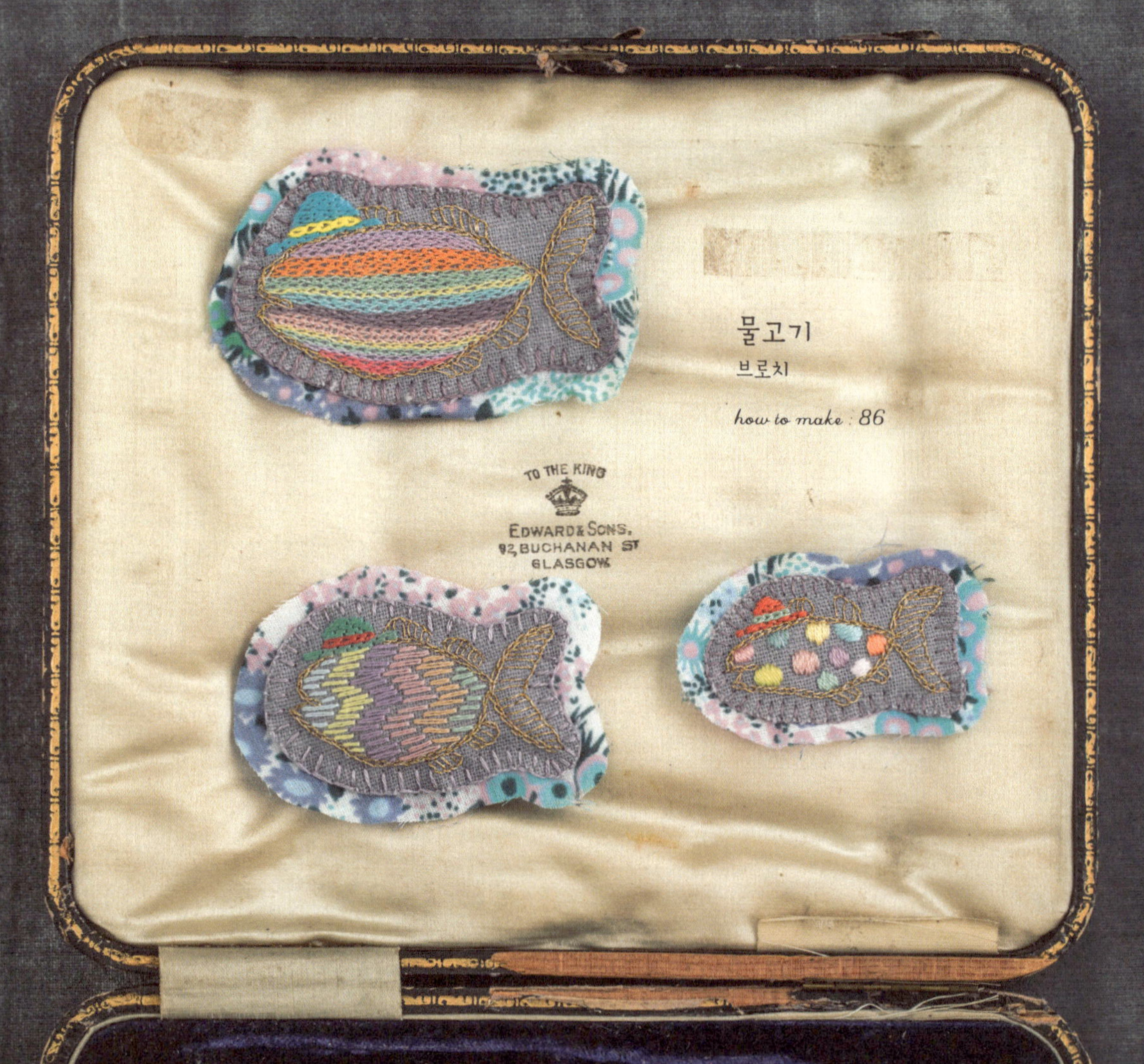

물고기
브로치

how to make : 86

문어, 오징어
브로치

how to make : 87

버섯
브로치
how to make 88-89

딸기
택핀

how to make : 90

과일

해트핀

how to make : 91

생일 케이크
브로치

how to make : 92

작은 스위츠
택핀

how to make : 92-93

티세트
목걸이

how to make : 94

리본
브로치

how to make : 95

✕✕ 이 책 속 자수에서 사용하는 도구와 재료

자수 액세서리를 만들기 위해 준비해야 할 도구와 재료를 소개합니다.
만들면서 자신이 사용하기 쉬운 것을 선택하면 됩니다.

a	재단 가위	작은 사이즈의 소품을 만들 때는 너무 크지 않은 게 사용하기 편하다. 원단의 두께에 맞춘 것을 사용하면 보다 깔끔하게 완성할 수 있다.
b	자수 가위	자수실을 자를 때 사용.
c	수틀	수를 놓다 보면 천이 우는 경우가 있는데 수틀을 사용하면 원단을 균등하고 팽팽하게 당겨줘서 우는 것을 막는다. 이 책에서는 지름 12cm의 수틀을 사용.
d	자수바늘	7~10호 프랑스 자수바늘. 자수실을 몇 가닥 사용하느냐에 따라 호수를 달리 사용한다.
e	비즈 자수바늘	비즈를 달 때 사용하는 가는 바늘. 사용하는 비즈(환소, 특소)를 꿸 수 있는 굵기의 바늘을 고른다.
f	트레이싱 페이퍼 & 펜	도안을 베낄 때 사용한다. 비춰 보이는 도안을 전용 펜으로 베껴 그리는(전사시트 불필요) 타입이 편리하다. 펜은 검은색과 짙은 색 원단 용, 물에 지워지는 것, 자연스럽게 색이 날아가는 것 등을 바꿔 쓴다.
g	수예용 접착제	펠트와 인조가죽을 붙일 때 사용. 마르면 투명해지는 것을 고르면 좋다.
h	올풀림방지액	원단 조각 그대로 완성할 때 끝에 발라서 올풀림을 방지한다. 소량을 짜서 조금씩 칠한다.
I	다용도 접착제	액세서리 부품을 접착할 때 사용. 마르면 투명해지는 것이 좋다.

【천】

a   펠트 [→ 겉감용]

2mm 정도의 것. 원단 조각 그대로 쓸 수 있고, 접착심이나 퀼팅솜을 사용하지 않고 안감과 꿰매서 사용한다.

b   중간 두께 원단 [→ 겉감용]

옥스퍼드 천(사진)이나 무명천 같은 평직 원단이 수놓기 쉽다.

c   퀼팅솜

1mm 두께 정도. 작품을 입체감 있게 완성시키고 싶을 때 안감 사이에 끼운다.

d   얇은 접착심

겉감을 빳빳하게 하고 강도를 보강시킨다. 이 책에서는 자수를 놓은 겉감에 다리미로 접착.

e   얇은 천, 레이스 [→ 장식용]

이 책에서는 겉감과 안감 사이에 넣고 장식 천으로 사용. 올 풀림 방지를 처리하여 원단 조각 그대로 사용.

f   중간 두께 천, 인조가죽 [→ 안감용]

두께가 있으면서 투명하지 않은 원단을 선택.

【실】

g   25번사 (DMC 사용)

주로 사용하는 면 100% 자수실. 6가닥의 실을 1가닥씩 뽑아서 1~3가닥을 사용한다.

h   25번 라메사 (DMC 라이트이펙트 사용)

폴리에스테르 100%. 6가닥의 실을 1가닥씩 뽑아서 쓴다.

i   5번 자수실 (DMC 사용)

펄 메탈릭 실. 2가닥의 실을 1가닥씩 사용한다.

j   라메사 (후직스 LAME 사용)

8가닥의 실을 그대로 사용.

【비즈】

k   비즈 전용 실

통과시킨 비즈가 잘 미끄러지는 나일론 100%의 실. 약간 가는 #60 추천.

l   환소 비즈

시드 비즈 중 둥글고 작은 사이즈.

m   특소 비즈

시드 비즈 중 특소 사이즈. 환소 비즈보다 작다.

n   각종 비즈

왼쪽부터 천연석, 진주, 크리스털, 체코 비즈. 사이즈, 모양, 실을 꿰는 구멍의 위치 등이 다양하므로 작품에 맞는 것을 고른다.

모든 작품에 공통된 내용을 기억하세요. ※본 작품 자수의 상세한 내용은 92페이지를 참고하세요.

1 도안(복사한 것도 가능)에 트레이싱 페이퍼를
대고 전용 펜으로 베껴 그린다.
≫트레이싱 페이퍼와 전용 펜에 대해서는 42페이
지 참고.

2 도안을 베껴 그린 트레이싱 페이퍼를 원단에
대고, 위에서부터 다시 전용 펜으로 베껴 그
린다. 원단에 잉크가 찍히면서 도안이 완성.

3 수틀 중심에 도안이 오도록 수틀을 끼워 고정
한다.

4 수를 놓는다.
≫준비해야 할 자수실의 색과 가닥 수. 도안의 어디
부터 수놓을지, 어떤 스티치를 사용할지는 각 작품
의 만드는 법을(p56~)을 참고.

5 자수 부분보다 약간 큰 사이즈의 접착심을 준
비해서 원단 안쪽에 다리미로 붙인다.

6 원단을 자른다. 이때, 겉감과 안감 붙이는 방
법(p46~49)대로 천 끄트머리까지의 여백을
조정한다. 여기에서는 백 스티치로 꿰매는데
나중에 형태를 잡기 위해 약간 크게 자른다.

7 자수 부분의 사이즈에 맞춘 퀼팅솜과 안감을
준비한다.

8 안감에 액세서리 부품(여기에서는 판 옷핀)을
꿰매 단다.
≫액세서리 부품을 다는 법은 54〜55페이지를
참고.

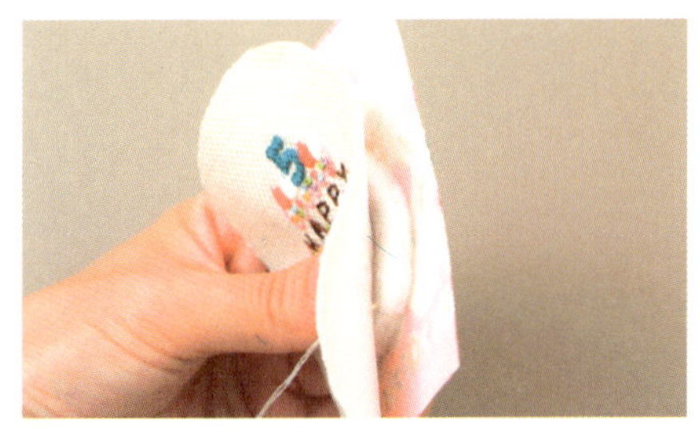

9 무늬를 바깥으로 향하게 하고 겉감과 안감 사
이에 퀼팅솜을 끼운 다음 꿰맨다. 실매듭은
안쪽으로 가게 하는 것이 좋다. 장식 천을 사
용할 경우, 여기에서 함께 끼운다.

10 겉감, 퀼팅솜, 안감을 함께 꿰매는데 필요에
따라 장식 천을 끼우기도 한다. 여기에서는
자수 주위를 백 스티치 한다.

11 가위로 천을 자르고 모양을 잡는다.

12 올풀림방지액을 발라 잘 건조시킨다.

자수한 겉감과 안감을 붙이는 방법을 소개합니다. 접착심, 퀼팅솜은 각 작품에 맞춰 사용하세요.
※ 알아보기 쉽도록 눈에 띄는 색상의 실을 사용했습니다.

• 접착제로 붙이기

1 자수한 겉감과 안감을 준비한다. 안감에 액세서리 부품을 꿰매 달고 수예용 접착제로 붙인다. 하루 이상 그대로 두어 확실히 말린다.

2 가위로 자수 윤곽을 따라 자르고 모양을 잡는다.

자르기만 하면 OK! 가장 손쉬운 방법.

> **memo**
>
> **펠트 + 인조가죽일 때**
>
> 두 원단 모두 두께가 있고 탄탄해서 잘라도 올이 풀리지 않는다. 접착제로 붙이는 것이 가장 간단하다.

• 백 스티치(p50 참고)로 꿰매기

1 접착심을 붙인 겉감, 퀼팅솜, 안감을 겹쳐서 자수 주변을 백 스티치 한다.

2 복잡한 이미지일 경우에는 조금 큼직한 라인으로 바느질해 나간다.

겉감과 안감을 꿰매는 방법 중 가장 간단한 방법.
≫ 마지막으로 원단을 잘라 올풀림방지액을 바른다.(p45 11~12 참고)

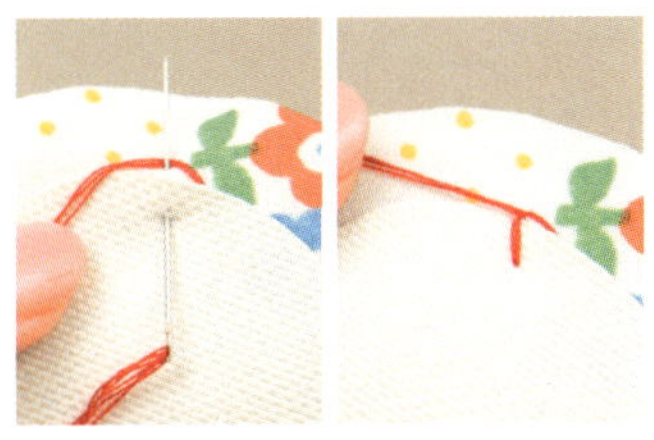

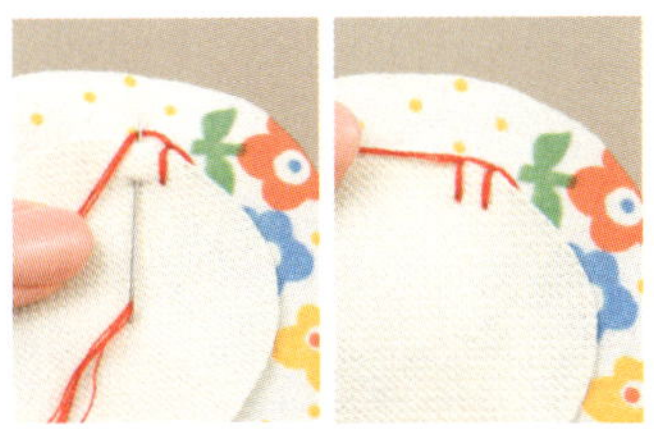

1 접착심을 붙인 겉감, 장식 천, 퀼팅솜, 안감을 겹쳐서 바느질하기 시작한다. 겉감의 테두리에 실을 건다.

2 두 땀을 바느질한 모습.

3 일정한 폭으로 바느질해 나간다.

실의 색상에 따라서는 도드라진 바늘 땀이 디자인처럼 보인다.

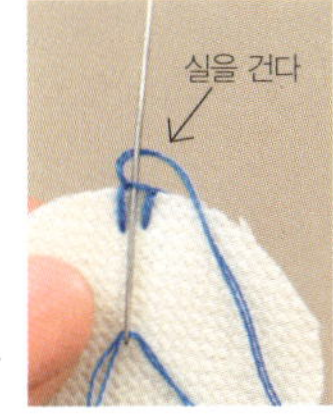

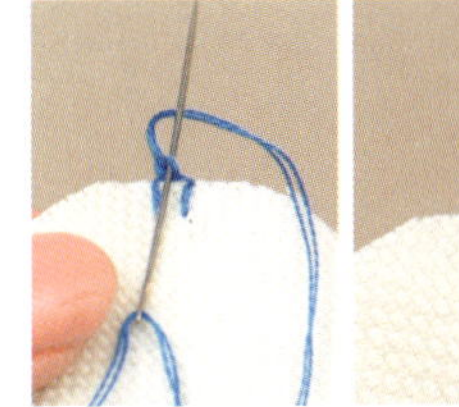

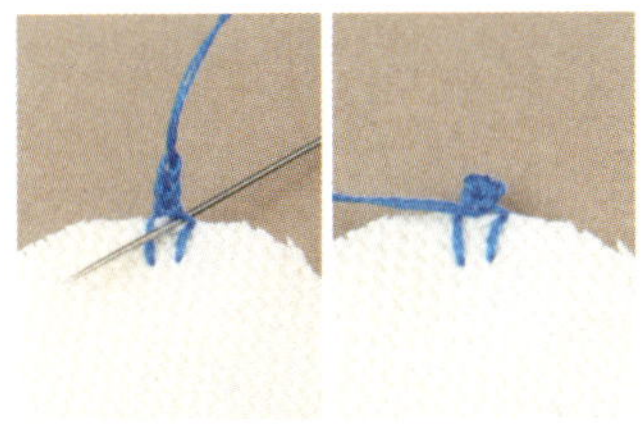

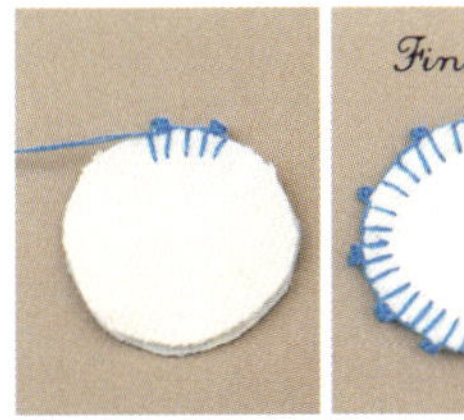

1 접착심을 붙인 겉감, 퀼팅솜, 안감을 겹쳐서 바느질하기 시작한다. 블랭킷 스티치로 두 땀을 놓고 바늘 끝을 테두리 실에 통과시킨 다음, 실을 감고 바늘을 빼내서 체인 스티치를 하나 만든다.

2 1 에서 만든 체인에 바늘 끝을 통과시켜 실을 감고 바늘을 빼내 체인 스티치를 하나 더 만든다.

3 다시 한 번 체인(3개째)을 만들어 바늘을 블랭킷 스티치 실에 통과시킨다. 세 번째 체인이 동그랗게 피코를 만든다.

*피코: 작은 고리 모양의 테두리 장식

적당한 간격으로 체인 스티치로 피코를 만들어가며 바느질한다. 귀여운 테두리로 완성. 피코의 간격은 자기 취향대로.

• 블랭킷 스티치(p51 참고) + 비즈로 꿰매기

1 겉감과 안감을 겹쳐서 바느질하기 시작한다. 실에 비즈를 끼우고 블랭킷 스티치를 해나간다.

2 한 땀을 놓은 모습.

3 실에 비즈를 끼우고 블랭킷 스티치를 해나간다.(두 땀째)

4 비즈 크기와 같은 간격으로 블랭킷 스티치를 해나간다. 정면에서 봤을 때 비즈 구멍이 옆을 향하게 완성.

• 백 스티치(p51)로 비즈를 장식, 블랭킷 스티치(p51)로 꿰매기

    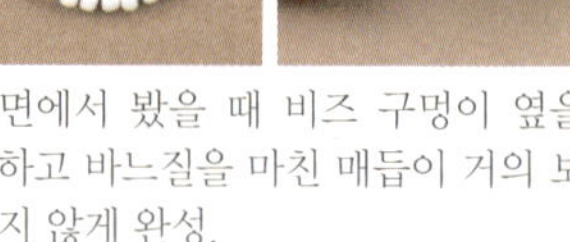

1 겉감에 백 스티치로 비즈를 장식한다. 4개의 비즈를 끼우고 백 스티치로 돌아오면서 2개의 비즈를 바늘로 통과시켜 준다.

2 다시 4개의 비즈를 끼우고 백 스티치로 돌아올 때 2개의 비즈를 바늘로 통과시켜 준다.

3 비즈를 빙 둘러서 달았다면 안감을 겹쳐 블랭킷 스티치로 완성한다. 비즈와 비즈 사이에 실을 건다.

정면에서 봤을 때 비즈 구멍이 옆을 향하고 바느질을 마친 매듭이 거의 보이지 않게 완성.

1 겉감과 안감을 겹쳐서 바느질하기 시작한다. 겉감에서 나온 실에 2개의 비즈를 끼우고 바늘을 안에서 밖으로 빼낸다.

2 밖으로 빼낸 바늘로 진행 방향 측의 비즈 하나를 바늘로 통과시켜 줍는다.

3 실을 진행 방향으로 가볍게 당기면 비즈 구멍이 바깥쪽으로 향한다.

4 실에 비즈를 1개 끼운다.

5 바늘을 안에서 밖으로 빼낸다. (1과 같은 과정)

6 밖으로 빼낸 바늘로 진행 방향 측의 비즈 하나를 바늘로 통과시켜 실을 살짝 당기면 비즈 구멍이 바깥쪽으로 향한다.

7 5~6을 반복해서 바느질해 나간다.

정면에서 봤을 때 비즈 구멍이 바깥쪽을 향하고 바늘땀이 보이게 완성.

✖ 기본 스티치

이 책 속의 자수 액세서리를 만드는 데 사용하는 스티치를 소개합니다. 스티치를 다양하게 조합하면 다채로운 표현이 가능합니다.

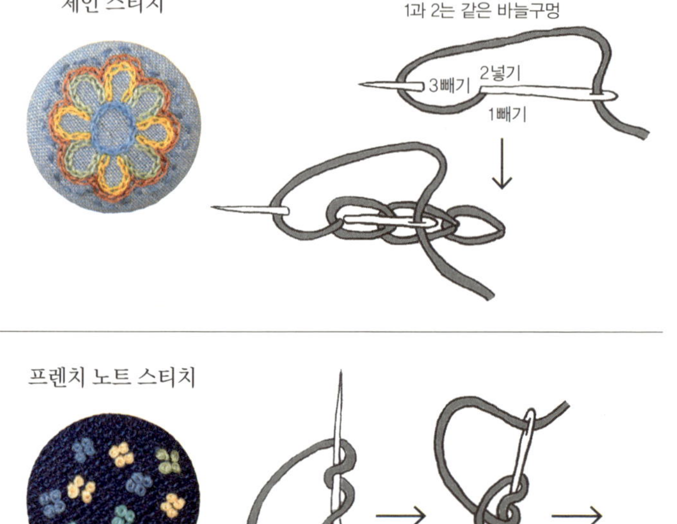

롱 앤드 쇼트 스티치

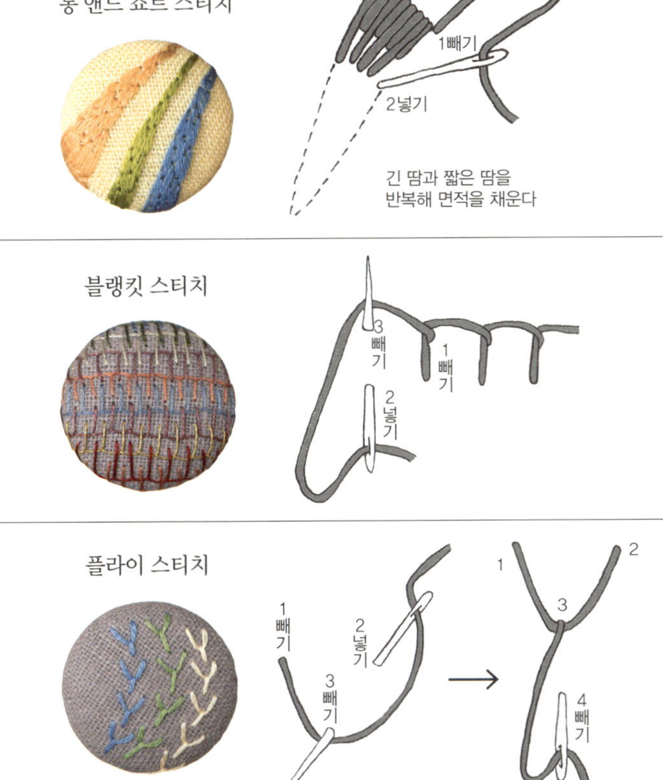

1빼기
2넣기
긴 땀과 짧은 땀을
반복해 면적을 채운다

블랭킷 스티치
3빼기
1빼기
2넣기

플라이 스티치
1빼기
2넣기
3빼기
1
2
3
4빼기

바리온 스티치
1빼기
3빼기
2넣기
바늘을 뺀다
3빼기
4넣기
2와 같은 바늘구멍인
4에 넣어서 고정한다

아웃라인 스티치
1빼기
3빼기
2넣기
1
2
3

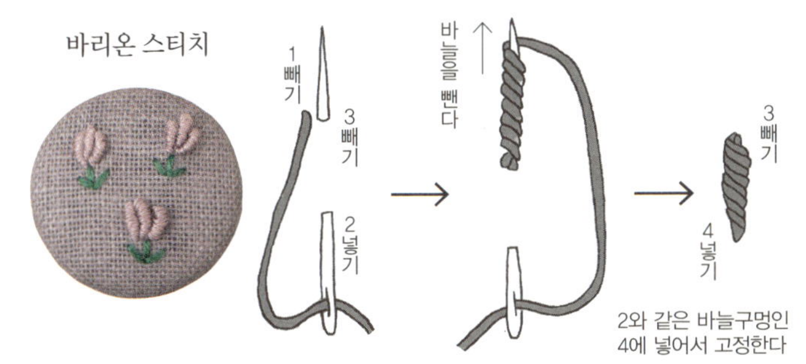
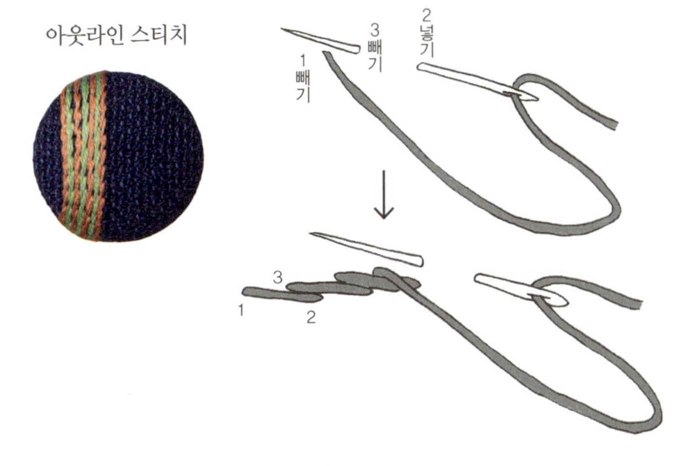

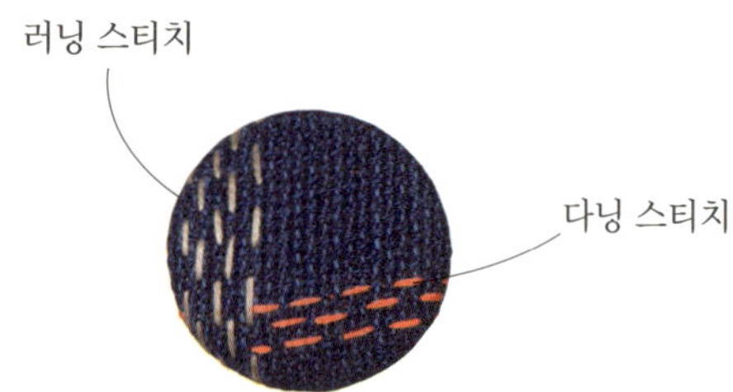

● 러닝 스티치

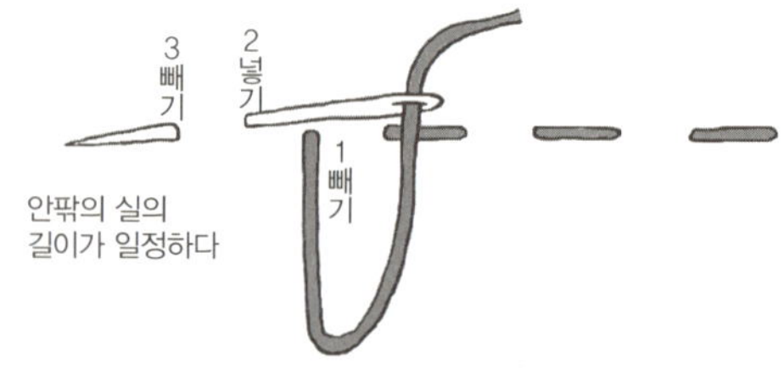

● 다닝 스티치

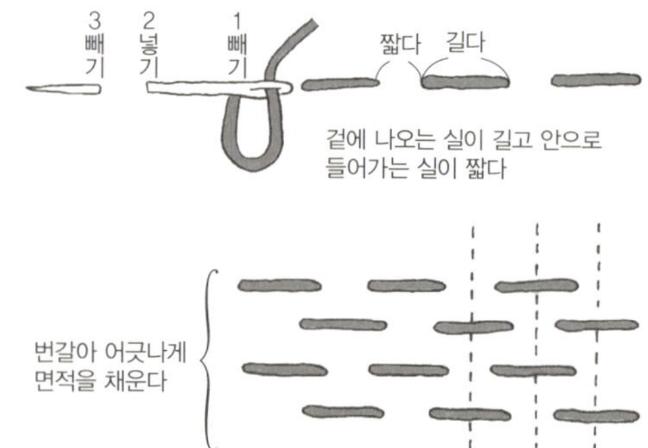

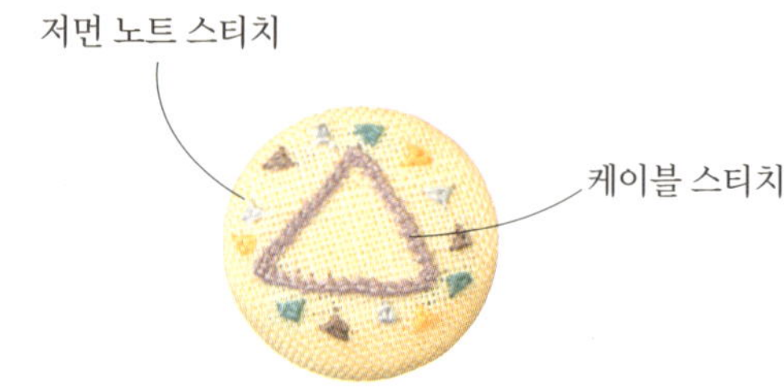

● 저먼 노트 스티치

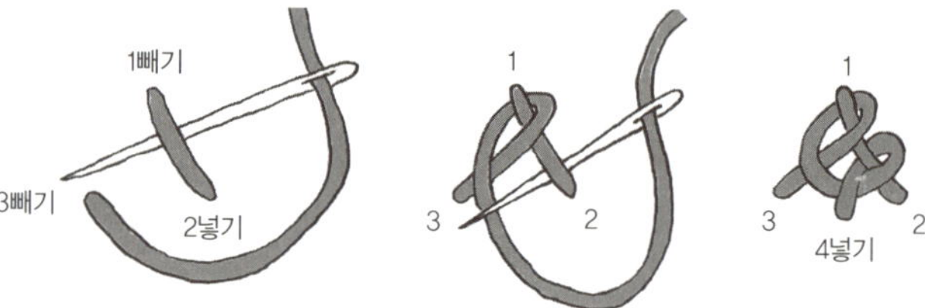

● 케이블 스티치

저먼 노트 스티치를 반복해서 연결한다

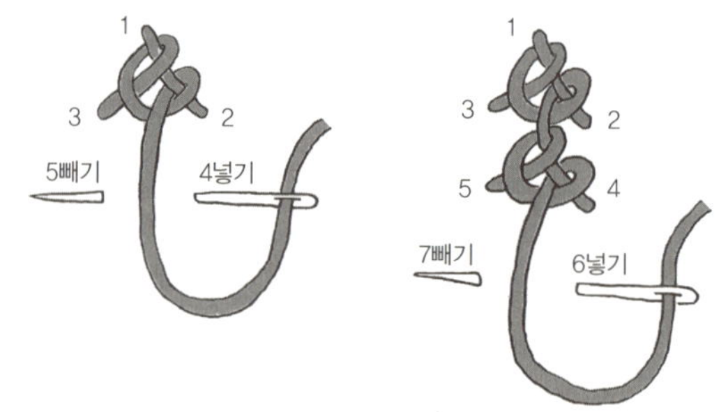

자수 액세서리를 만드는 법과 필요한 도구 및 재료를 소개합니다.
만들고 싶은 작품에 필요한 도구와 취향에 맞는 디자인의 부품을 준비합시다.

Tool 도구

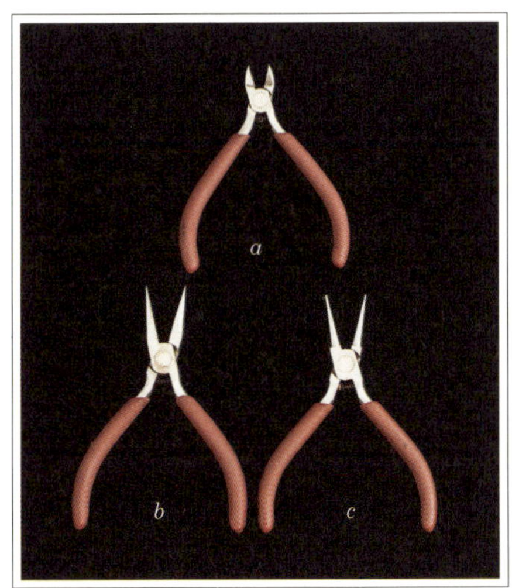

a 니퍼

체인이나 9핀의 끝 같은 금속 부품을 자를 때 사용

b 평 플라이어

끝부분이 넓적하다. 고리 종류를 여닫거나 금속장식을 오므릴 때 사용한다.

c 둥근 플라이어

끝부분이 둥글다. 9핀의 끄트머리를 둥글게 구부릴 때 사용한다.

Material 재료

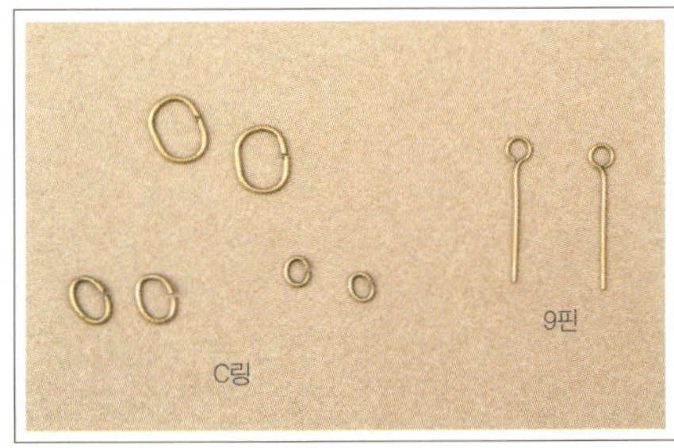

링, 핀 종류

이 책에서는 주로 C링과 9핀을 사용. 적절한 사이즈를 골라 사용한다.

체인 종류

목걸이를 만들 때 적당한 길이로 잘라 사용한다.

마감 장식

목걸이를 만들 때 체인의 고리로 사용한다. 체인에는 링으로 연결한다.

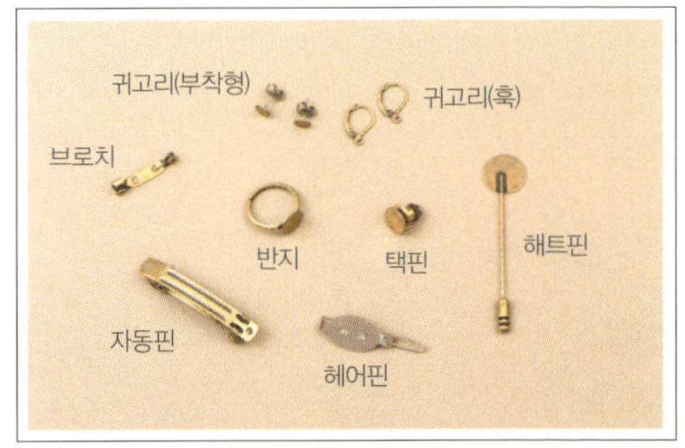

액세서리 부품

각각의 액세서리를 만들기 위한 금속 부품 종류.

* 자동핀, 브로치

1 안감 겉면에 자동핀을 꿰매서 고
정한다.

2 겉감과 꿰매 붙인다.

* 해트핀

겉감에 해트핀을 다용도 접착제를 이
용해 붙인 다음 안감과 꿰매 붙인다.

* 반지, 헤어핀

겉감과 안감을 꿰매 붙인 자수 부분에
다용도 접착체로 반지대를 붙인다.

* 머리끈

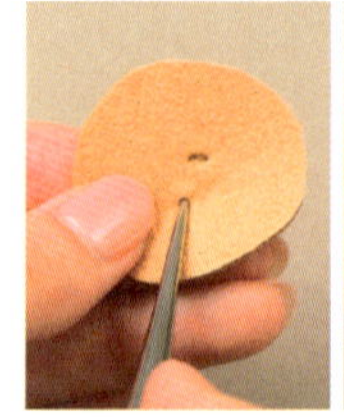

1 송곳으로 안감에 고무줄을 통과
시킬 구멍을 뚫고 고무줄 양 끝
을 끼운다.

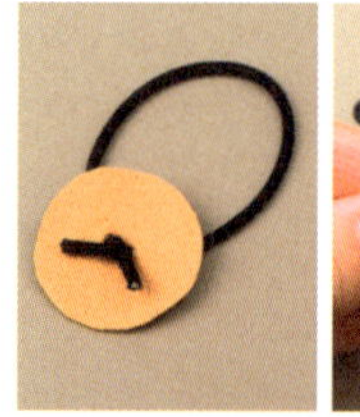

2 고무줄 양 끝을 묶은 후, 겉감과
꿰매 잇는다.

* 귀고리, 택핀

1 겉감, 안감과 택핀(tack pin : 귀
고리 부품)을 준비한다.

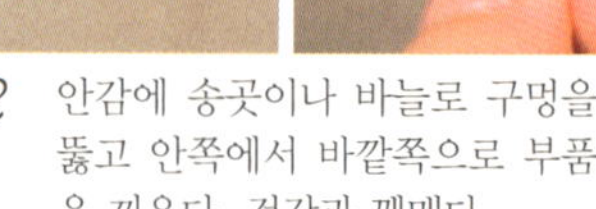

2 안감에 송곳이나 바늘로 구멍을
뚫고 안쪽에서 바깥쪽으로 부품
을 끼운다. 겉감과 꿰맨다.

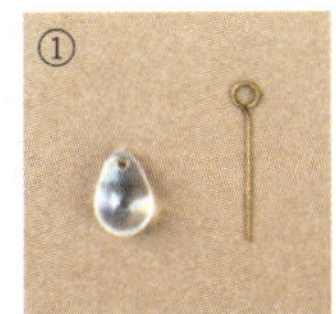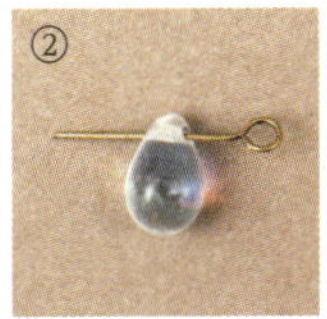

① 비즈와 9핀을 준비한다.

② 9핀을 비즈 구멍에 끼운다.

③ 비즈에 맞게 구부린 다음, 끝 부분과 직각이 되게 구부린다.

④ 9핀의 끝을 구부린다.

⑤ 끝을 말아 마무리한다.

드롭 비즈에 9핀을 단다.

목걸이

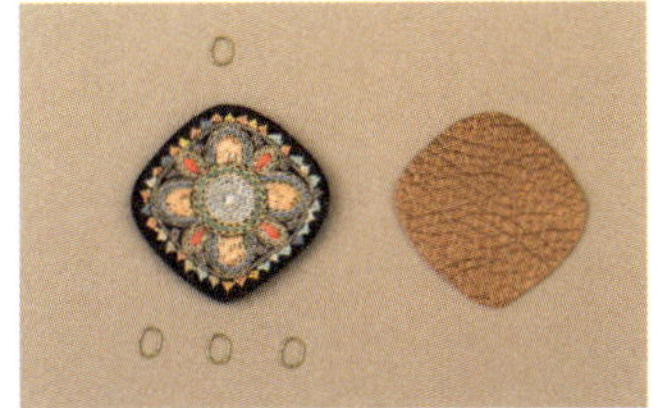

1 겉감, 안감, 4개의 C링을 준비한다.

2 겉감에 C링을 꿰매고 안감을 겹쳐 꿰맨다.

3 9핀을 단 드롭 비즈를 2개의 C링에 매단다.

4 C링으로 체인을 연결하고 체인 양 끝에 클래스프SR과 어저스터를 단다.

마감 부품 달기

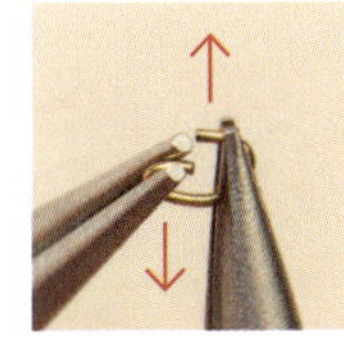

● 링 개폐

평플라이어로 링을 앞뒤로 비틀듯이 연다. 좌우로 벌려서 열게 되면 변형되거나 강도가 약해지므로 주의할 것.

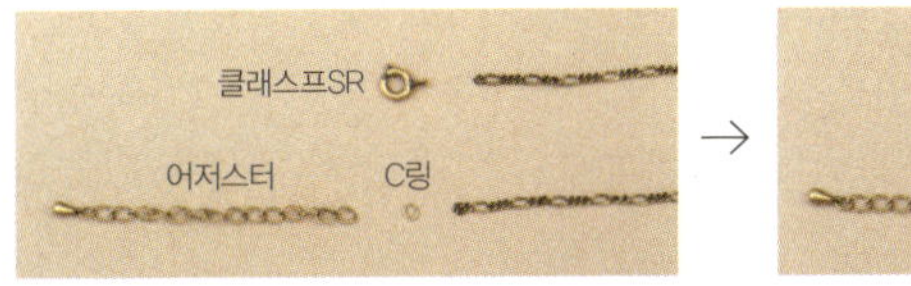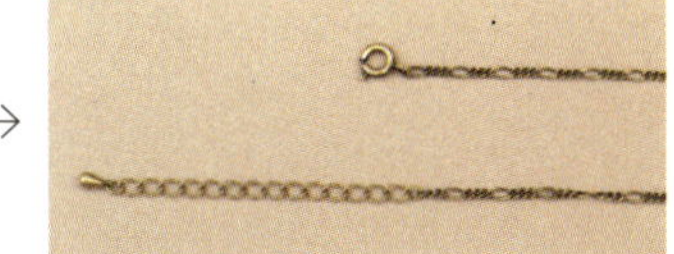

체인 한 끝에 클래스프SR을 달고 다른 쪽은 C링으로 어저스터를 연결한다.

* 이 책에서는 DMC 25번 자수실을 주로 사용했습니다. 그 밖에 DMC 5번 자수실과 후직스(Fujix) 라메 자수실을 사용했습니다.
* 재료 표기는 각 작품 1개(1쌍) 분량입니다.
* 자수 도안은 실제 크기입니다. 표기 사항은 자수하는 순서, 자수실 색상 번호, 실 가닥수, 스티치 종류입니다.
* 기본 도구, 재료, 스티치 등 p42~55를 먼저 읽고 난 후에 만들기 시작하세요. 각 레시피에는 기본 재료에 자수실은 표기하지 않았으므로 도안을 참고하면서 색상을 준비하세요.

팬지 { photo : p.4 }

재료

- 겉감(펠트)
- 안감(인조가죽)
- 특소 비즈 적당량
- 비즈 전용실 적당량
- 해트핀 1개

만드는 법

해트핀을 겉감에 접착(p45)한 다음, 브릭 스티치로 특소 비즈를 달아가면서 겉감과 안감을 함께 꿰맨다.(p45)

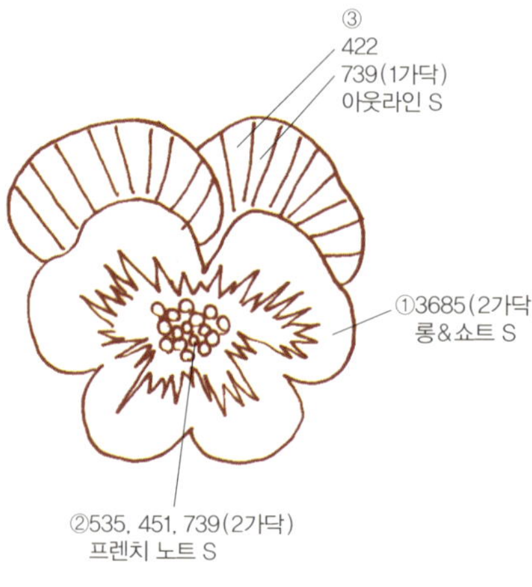

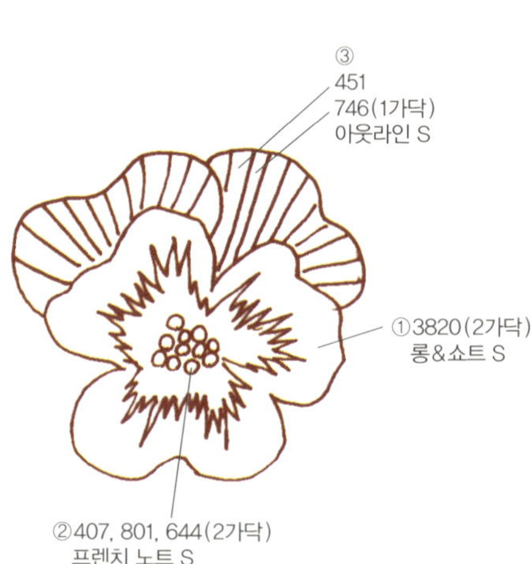

나비 { *photo : p.5* }

재료

- 겉감(펠트)
- 안감(인조가죽)
- 환소 비즈 2개
- 특소 비즈 적당량
- 비즈 전용 실 적당량
- 브로치 부품 1개

만드는 법

바늘로 특소 비즈 5개, 환소 비즈 1개, 특소 비즈 1개를 주워서, 오른쪽 그림을 참고하여 겉감에 바느질해 달아 더듬이 2개를 만든다. 겉감에 브로치 부품을 달고(p54) 브릭 스티치로 특소 비즈를 달아가면서 겉감과 안감을 함께 꿰맨다.(p49 참고)

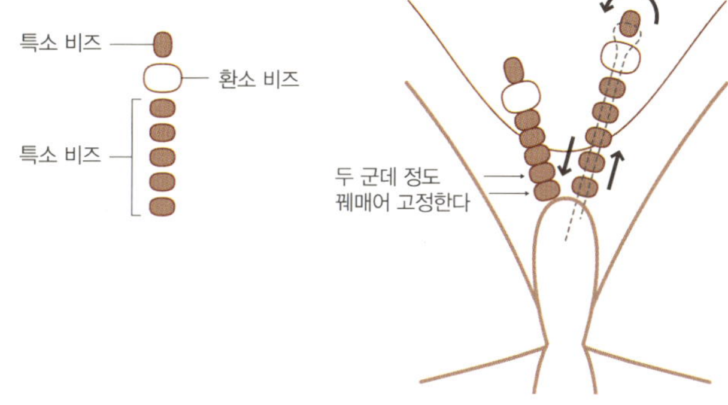

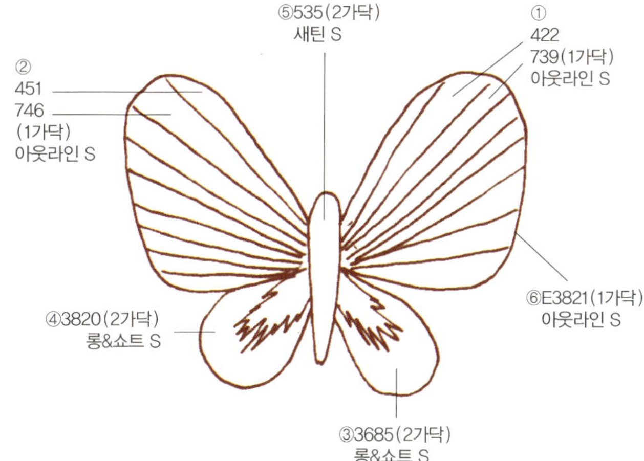

시크 & 어스 컬러 주얼리 모티브

《자동핀》

재료

- 겉감(펠트)
- 안감(인조가죽)
- 환소 비즈 2개
- 특소 비즈 적당량
- 비즈 전용 실 적당량
- 브로치 부품 1개

만드는 법

안감에 자동핀 부품을 꿰매 단 다음(p54 참고) 브릭 스티치로 환소 혹은 특소 비즈를 달아가면서 겉감과 안감을 함께 꿰맨다.(p49 참고)

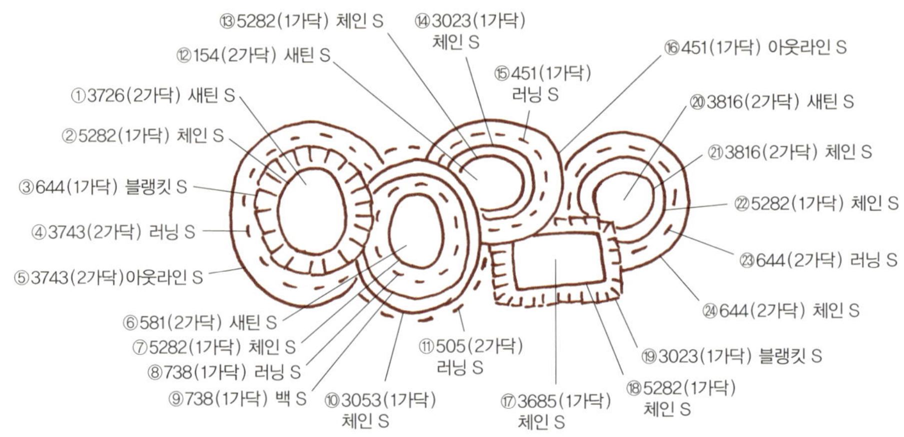

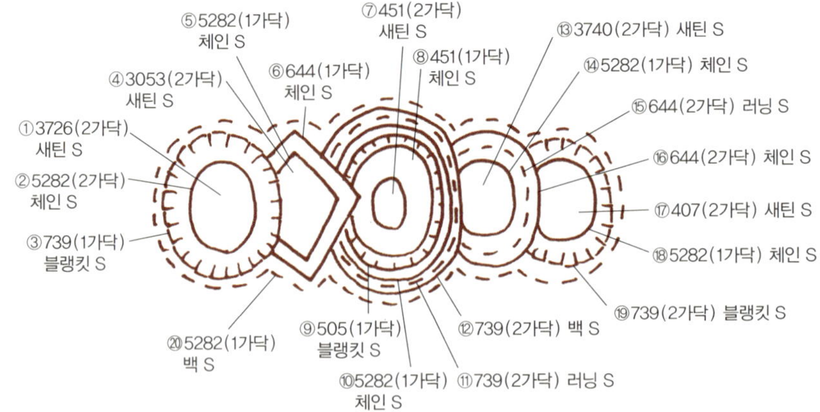

《머리끈》

재료

- 겉감 (펠트)
- 안감 (펠트)
- 환소 비즈, 혹은 특소 비즈 적당량
- 비즈 전용 실 적당량
- 머리끈 1개

만드는 법

안감에 머리끈을 단다. (p54 참고) 자수 외곽으로 0.1cm을 남기고 겉감을 자른 후, 0.1cm 부분에 백 스티치로 환소 혹은 특소 비즈를 단다. (p48 참고) 브랭킷 스티치로 겉감과 안감을 함께 꿰맨다. (p48 참고)

《목걸이》

재료

- 겉감 (펠트)
- 안감 (펠트)
- 특소 비즈 적당량
- 비즈 전용 실 적당량
- 드롭 비즈 3개
- 9핀 3개
- C링 (소) 4개
- O링 (중) 1개
- O링 (소) 2개
- 목걸이 체인 1개
- 클래스프SR 1개

만드는 법

p55를 참고해서 목걸이를 만든다. 블랭킷 스티치로 특소 비즈를 달면서 겉감과 안감을 함께 꿰맨다. (p48 참고)

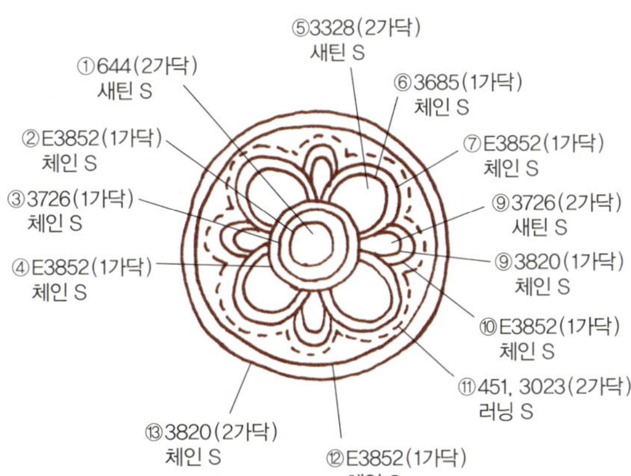

플라워 { *photo : p.8-9* }

재료

- 겉감(평직 원단)
- 장식 천(레이스)
- 안감(무명 프린트 무늬)
- 접착심
- 퀼팅솜
- 브로치 부품 1개

만드는 법

겉감에 접착심을 붙인다. 안감에 브로치
부품을 꿰매 단 다음(p54 참고), 겉감과
장식 천 사이에 퀼팅솜을 끼우고 안감과
블랭킷 스티치로 함께 꿰맨다.(p47 참고)

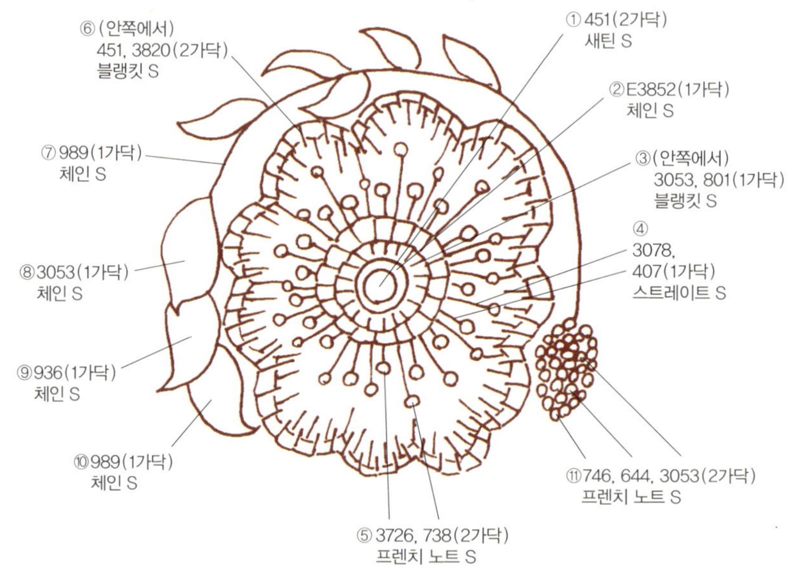

재료

- 겉감(평직 원단)
- 안감(무명 프린트 무늬)
- 접착심
- 퀼팅솜
- 브로치 부품 1개

만드는 법

겉감에 접착심을 붙인다. 안감에 브로치 부품을 꿰매 단다.(p54 참고) 겉감과 안감 사이에 퀼팅솜을 끼우고 체인 스티치로 피코를 만들어가면서 블랭킷 스티치로 함께 꿰맨다.(p47 참고)

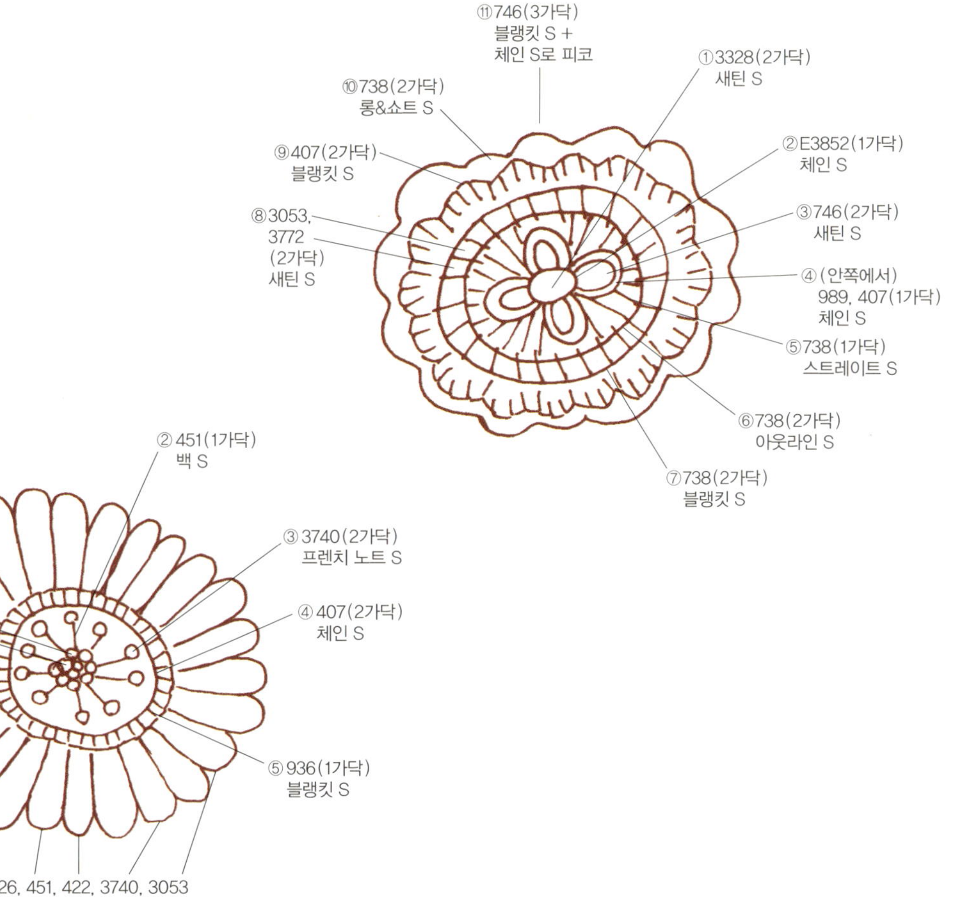

로제트 { *photo : p.10-11* }

재료

- 겉감(펠트)
- 안감(인조가죽)
- 브로치 부품 1개

만드는 법

안감에 브로치 부품을 꿰매 단 다음(p54 참고),
겉감과 안감을 접착제를 발라 붙인다. (p46 참고)

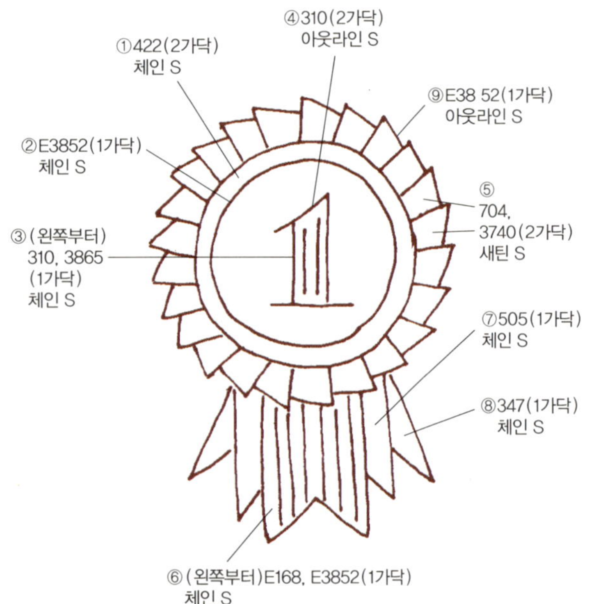

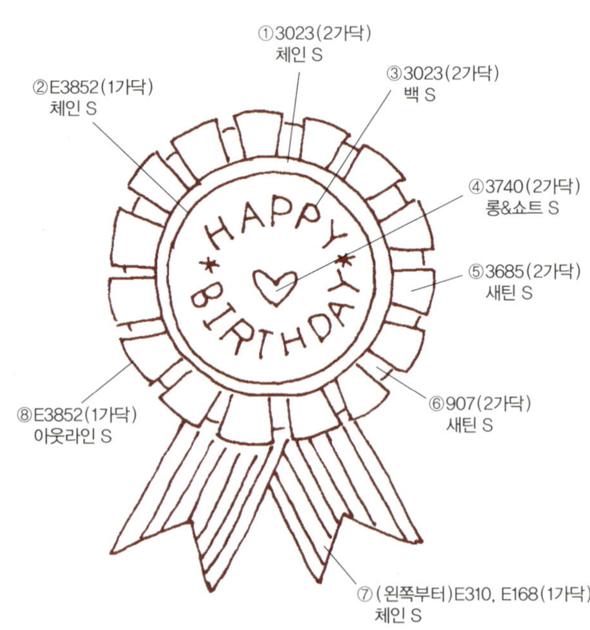

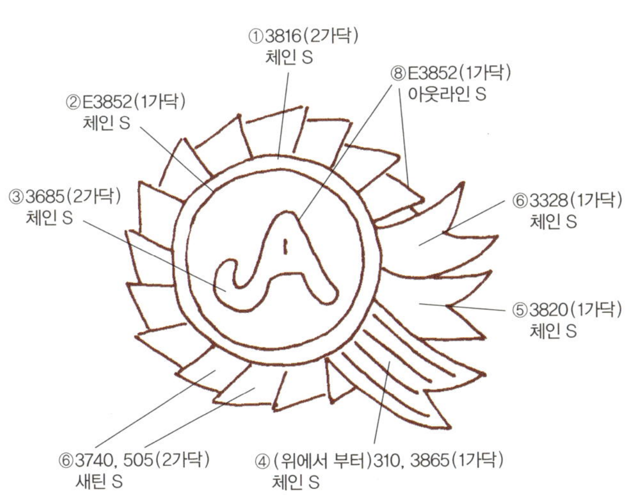

①3816(2가닥) 체인 S
②E3852(1가닥) 체인 S
③3685(2가닥) 체인 S
⑧E3852(1가닥) 아웃라인 S
⑥3328(1가닥) 체인 S
⑤3820(1가닥) 체인 S
⑥3740, 505(2가닥) 새틴 S
④(위에서 부터)310, 3865(1가닥) 체인 S

good job!!
⑨581, 930(2가닥) 새틴 S
⑩5282(1가닥) 스트레이트 S
⑤5282(1가닥) 체인 S
⑥535(3가닥) 백 S
⑦505(3가닥) 프렌치 노트 S 백 S
⑧3685(3가닥) 백 S 프렌치 노트 S
①347(2가닥) 새틴 S
④3821(2가닥) 아웃라인 S
②347(2가닥) 체인 S
③3328(2가닥) 아웃라인 S

두오모 { *photo : p.12* }

재료

- 겉감(평직 원단)
- 장식 천(레이스)
- 안감(무명 프린트 무늬)
- 접착심
- 퀼팅솜
- 브로치 부품 1개

만드는 법

겉감에 접착심을 붙인다. 안감에 브로치
부품을 꿰매 단 다음(p54 참고) 겉감과
장식 천 사이에 퀼팅솜을 끼우고 안감과
블랭킷 스티치로 함께 꿰맨다.(p47 참고)

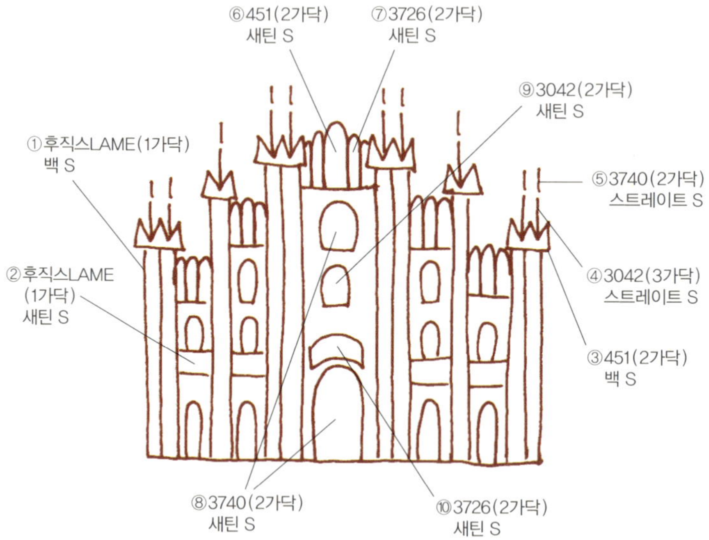

왕관 { *photo : p.13* }

재료

- 겉감(평직 원단)
- 장식 천(레이스)
- 안감(무명 프린트 무늬)
- 접착심
- 퀼팅솜
- 브로치 부품 1개

만드는 법

겉감에 접착심을 붙인다. 안감에 브로치
부품을 꿰매 단 다음(p54 참고) 겉감과
장식 천 사이에 퀼팅솜을 끼우고 블랭킷
스티치로 안감과 함께 꿰맨다.(p47 참고)

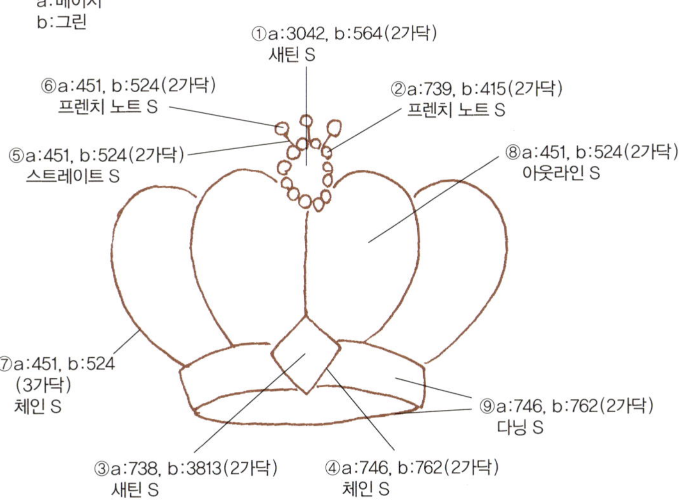

나비와 꽃 { *photo : p.14* }

재료

- 겉감(펠트)
- 안감(인조가죽)
- 특소 비즈 적당량
- 비즈 전용 실 적당량
- 귀고리 부품(부착형) 1쌍

만드는 법

안감에 귀고리 포스트를 끼운다.(p54 참고) 브릭 스티치로 특소 비즈를 달아가면서 겉감과 안감을 함께 꿰맨다.(p49 참고)

부케 { *photo : p.15* }

재료

- 겉감(펠트)
- 안감(인조가죽)
- 특소 비즈 적당량
- 비즈 전용 실 적당량
- 브로치 부품 1개

만드는 법

안감에 브로치 부품을 꿰매 단다.(p54 참고) 브릭 스티치로 특소 비즈를 달아가면서 겉감과 안감을 함께 꿰맨다.(p49 참고)

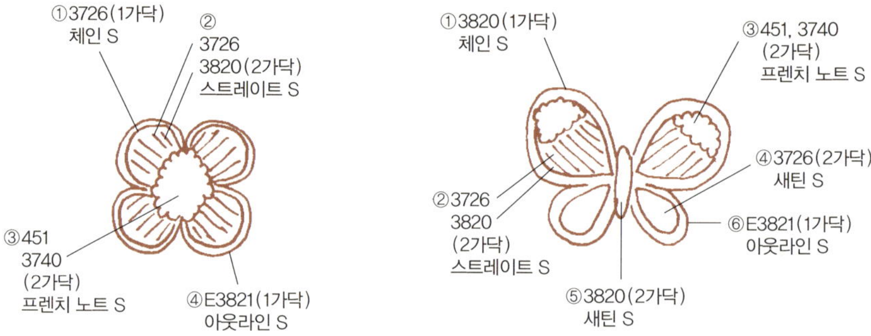

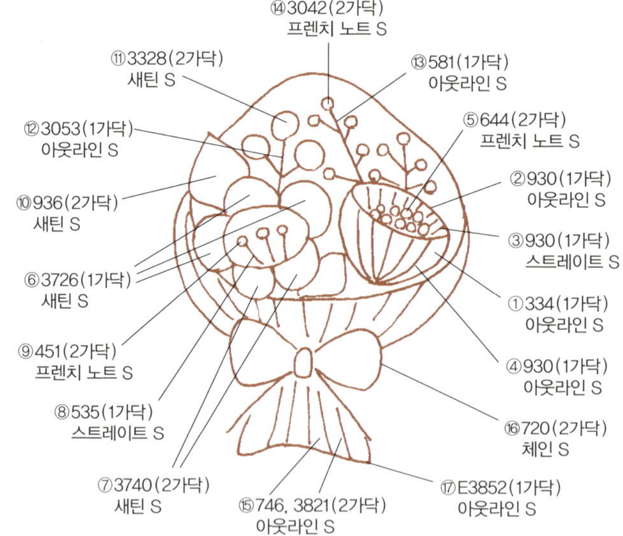

꽃 { *photo : p.15* }

재료

- 겉감(펠트)
- 안감(인조가죽)
- 특소 비즈 적당량
- 비즈 전용 실 적당량
- 머리끈 1개

만드는 법

안감에 머리끈을 단다.(p54 참고) 브릭
스티치로 특소 비즈를 달아가면서 겉감
과 안감을 함께 꿰맨다.(p49 참고)

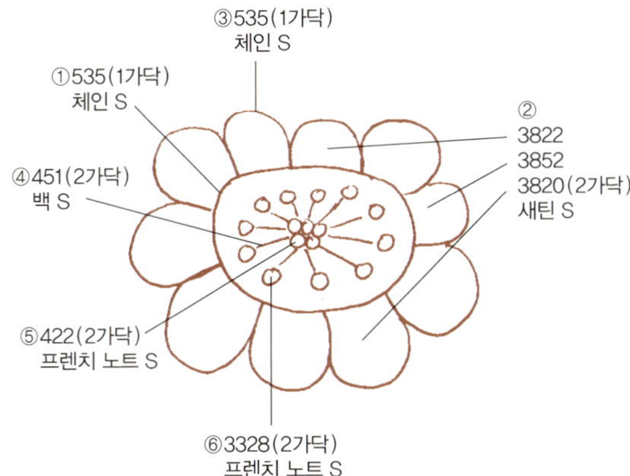

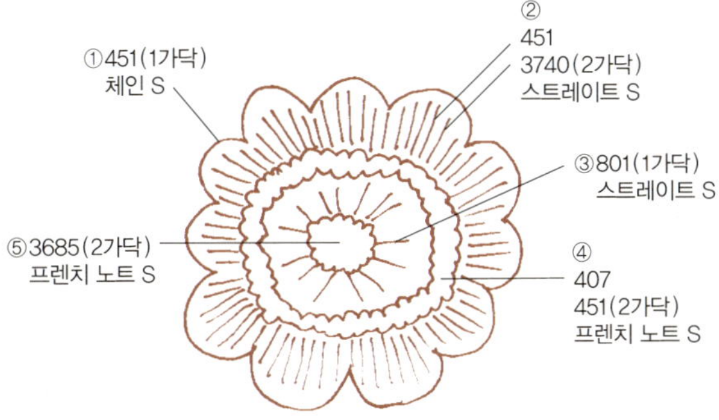

양말 { *photo : p.16* }

재료

- 겉감(펠트)
- 안감(인조가죽)
- 특소 비즈 적당량
- 비즈 전용 실 적당량
- 브로치 부품 1개

만드는 법

안감에 브로치 부품을 꿰매 단다.(p54
참고) 브릭 스티치로 특소 비즈를 달아
가면서 겉감과 안감을 함께 꿰맨다.(p49
참고)

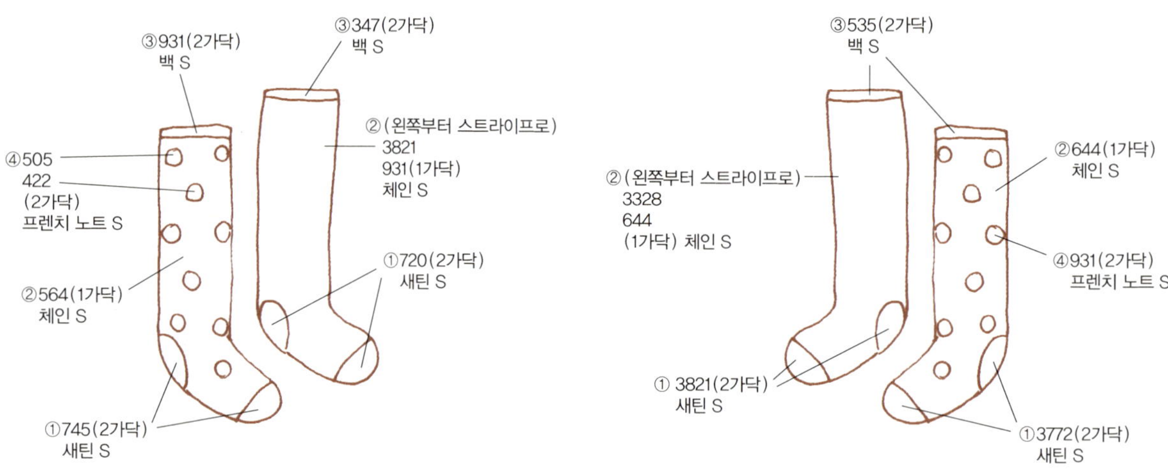

턱시도 & 드레스 { *photo : p.17* }

재료

- 겉감(평직 원단)
- 안감(무명 프린트 무늬)
- 접착심
- 퀼팅솜
- 브로치 부품 1개

만드는 법

p44~45를 참고로 브로치를 만든다.
백 스티치로 겉감과 안감을 함께 꿰
맨다.(p46 참고)

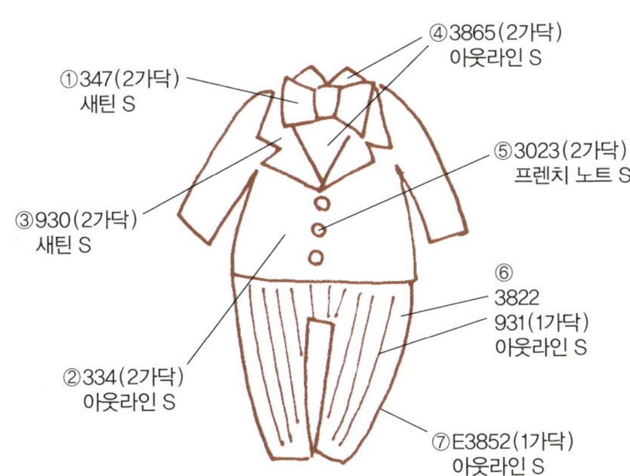

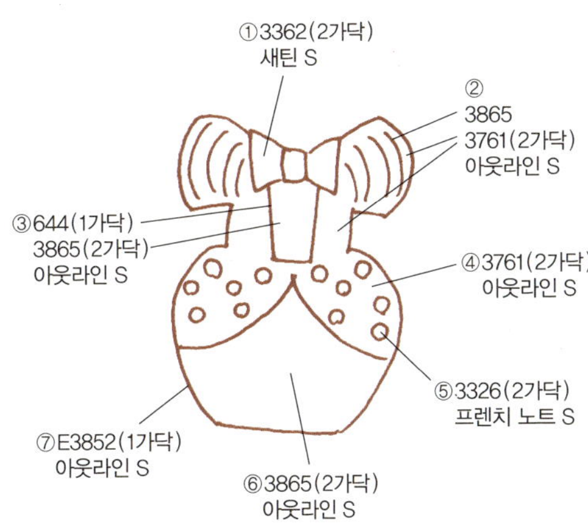

스퀘어, 드롭, 오팔 { *photo : p.18-19* }

《반지》

재료

- 겉감(펠트)
- 안감(펠트)
- 특소 비즈 적당량
- 비즈 전용 실 적당량
- 반지 부품 1개

만드는 법

자수 외곽으로 0.1cm를 남기고 겉감을 자른 후, 0.1cm 부분에 백 스티치로 특소 비즈를 단다.(p48 참고)블랭킷 스티치로 겉감과 안감을 함께 꿰맨다.(p48 참고) 반지 부품을 안감에 접착한다.(p54 참고)

《귀고리 a》

재료

- 겉감(펠트)
- 안감(인조가죽)
- 특소 비즈 적당량
- 환소 비즈 적당량
- 비즈 전용 실 적당량
- 귀고리 부품 1쌍

만드는 법

귀고리 부품을 안감에 붙인다.(p54 참고) 브릭 스티치로 특소 비즈와 환소 비즈를 교대로 달아가면서 겉감과 안감을 함께 꿰맨다.(p49 참고)

《귀고리 b》

재료

- 겉감(펠트)
- 안감(인조가죽)
- 특소 비즈 적당량
- 비즈 전용 실 적당량
- 귀고리 부품 1쌍
- 드롭 비즈 2개
- 9핀 2개
- C링 4개

만드는 법

귀고리 부품을 안감에 붙인다.(p54 참고) C링을 겉감에 꿰매 달고 브릭 스티치로 특소 비즈를 달아가면서 겉감과 안감을 함께 꿰맨다.(p49 참고) 9핀을 연결한 드롭 비즈(p55 참고)를 연결한다.

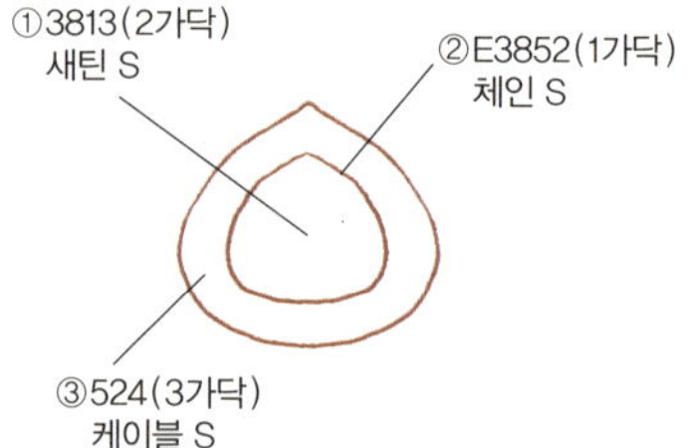

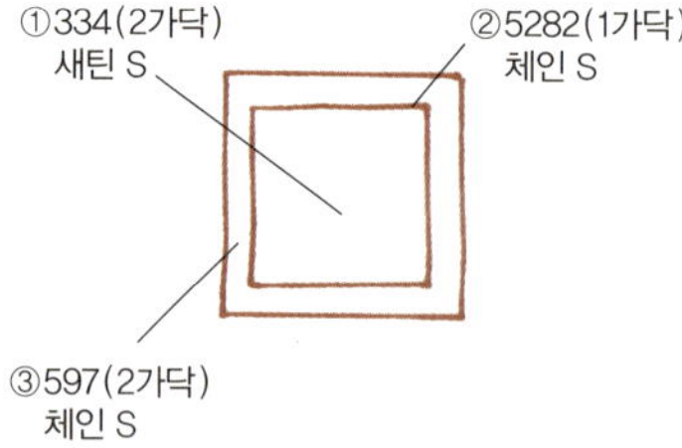

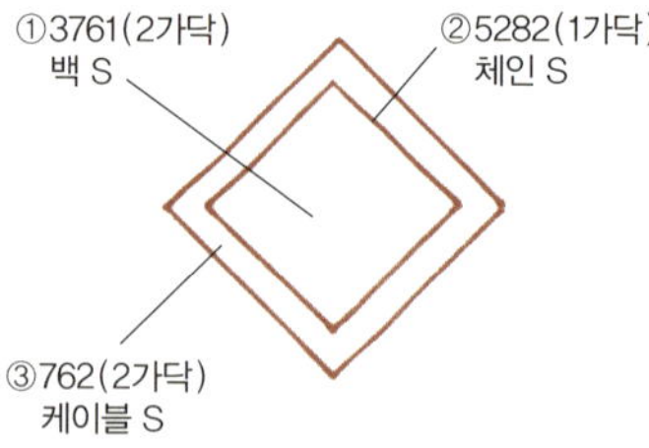

《머리핀》

재료

- 겉감(펠트)
- 안감(인조가죽)
- 특소 비즈 적당량
- 환소 비즈 적당량
- 비즈 전용 실 적당량
- 머리핀 부품 1개

만드는 법

자수 외곽으로 0.1cm를 남기고 겉감을 자른 후, 0.1cm 부분에 백 스티치로 환소 비즈를 단다.(p48 참고) 블랭킷 스티치로 특소 비즈를 달아가면서 겉감과 안감을 함께 꿰맨다.(p48 참고) 머리핀 부품을 안감에 접착한다.(p54 참고)

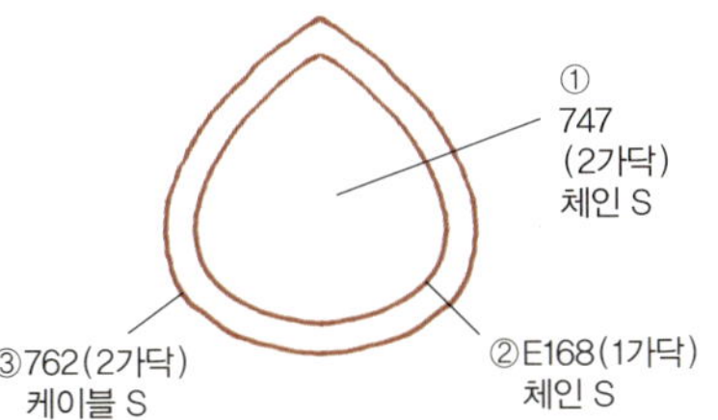

《후프 귀고리》

재료

- 겉감(펠트)
- 안감(펠트)
- 특소 비즈 적당량
- 비즈 전용 실 적당량
- 귀고리 부품(후프 타입) 1쌍
- 드롭 비즈 6개
- 펄 비즈 2개
- 9핀 8개
- C링(중) 2개
- C링(소) 6개

만드는 법

겉감과 안감에 같은 자수를 놓는다. C링을 겉감에 꿰매 단다.(4군데) 블랭킷 스티치로 특소 비즈를 달아가면서 겉감과 안감을 함께 꿰맨다.(p48 참고) 9핀을 단 드롭 비즈(p55 참고)를 C링(소)에 연결한다. 9핀을 끼워 넣은 펄 비즈를 C링(중)에 연결한다. 귀고리 부품을 단다.

《목걸이》

재료

- 겉감(펠트)
- 안감(펠트)
- 특소 비즈 적당량
- 비즈 전용 실 적당량
- 목걸이 체인 1개
- 드롭 비즈 3개
- 펄 비즈 1개
- 9핀 4개
- C링(중) 1개
- C링(소) 4개
- 어저스터, 클래스프SR 각 1개씩

만드는 법

p55를 참고해서 목걸이를 만든다. 블랭킷 스티치로 특소 비즈를 달아가면서 겉감과 안감을 함께 꿰맨다.(p48 참고) 9핀을 끼워 넣은 펄 비즈(오른쪽 사진)과 체인을 C링(소)으로 연결한다.

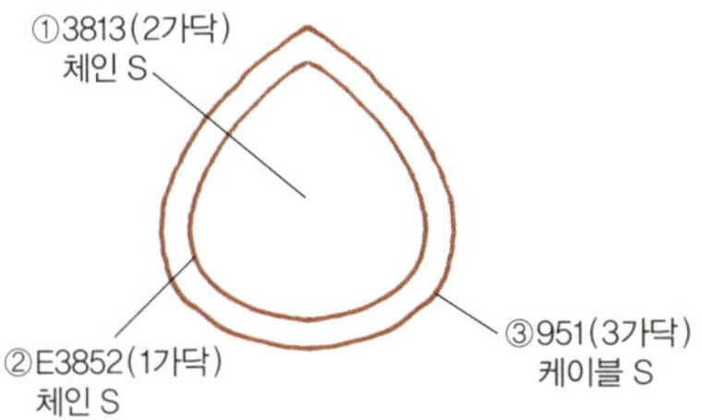

크로스 & 드롭 { *photo : p.20* }

《목걸이》

재료

- 겉감(펠트)
- 안감(펠트)
- 환소 비즈 적당량
- 비즈 전용 실 적당량
- 천연석 비즈(로즈 쿼츠) 21개
- 9핀 21개
- C링(중) 8개
- C링(극소) 17개
- 나일론 체인 2개
- 목걸이 체인 1개
- 어저스터, 클래스프SR 각 1개씩

만드는 법

p55와 오른쪽 그림을 참고해서 목걸이를
만든다. 브릭 스티치로 환소 비즈를 달아
가면서 겉감과 안감을 함께 꿰맨다.(p49
참고)

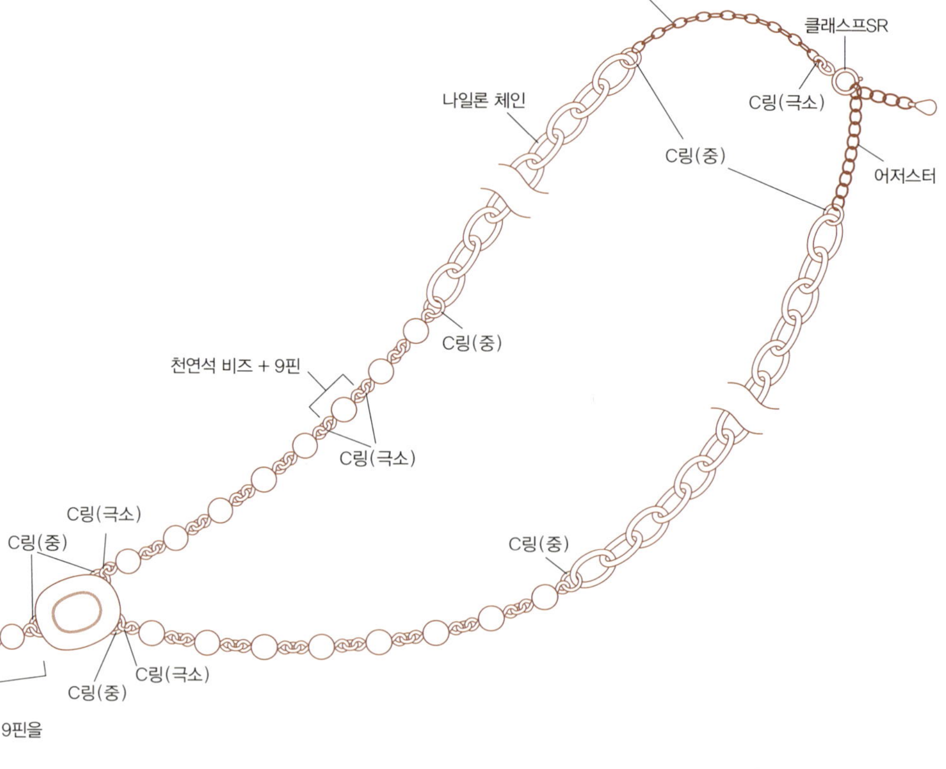

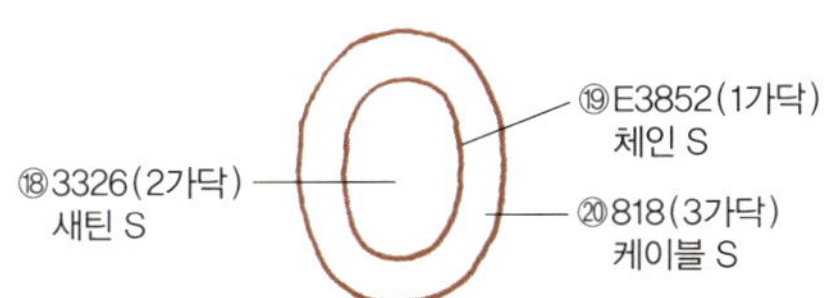

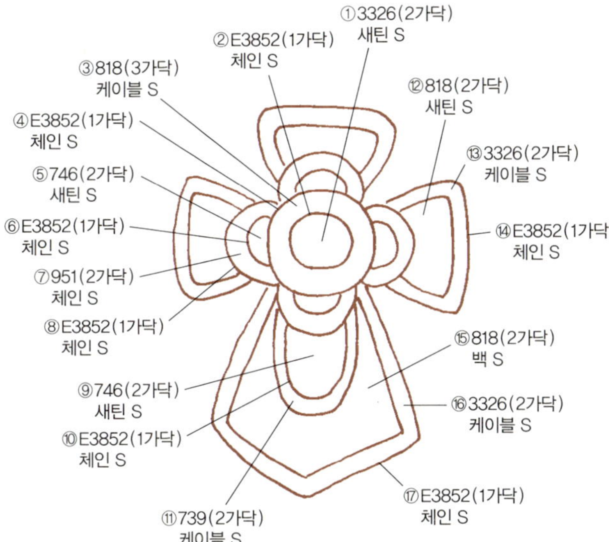

《귀고리》

재료

- 겉감(펠트)
- 안감(펠트)
- 특소 비즈 적당량
- 비즈 전용 실 적당량
- 드롭 비즈 6개
- 펄 비즈 2개
- 9핀 8개
- C링(중) 2개
- C링(소) 6개
- 귀고리 부품(후크 타입) 1쌍

만드는 법

겉감과 안감에 같은 자수를 놓는다. C
링을 겉감에 꿰매 단다.(4군데) 블랭킷
스티치로 특소 비즈를 달아가면서 겉
감과 안감을 함께 꿰맨다.(p48 참고)
9핀을 단 드롭 비즈(p55 참고)를 C링
(소)에 연결한다. 9핀을 끼워 넣은 펄
비즈(아래 사진)를 C링(중)에 연결한
다. 귀고리 부품을 단다.

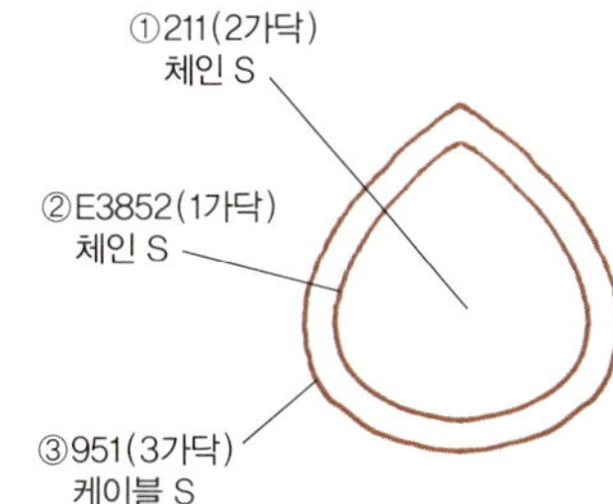

파스텔 컬러 주얼리 모티브 { *photo : p.21* }

재료

- 겉감(펠트)
- 안감(펠트)
- 특소 비즈 적당량
- 비즈 전용 실 적당량
- 드롭 비즈 3개
- 9핀 3개
- C링(대) 4개
- C링(중) 8개
- C링(소) 1개
- 나일론 체인 2개
- 목걸이 체인 1개
- 어저스터, 클래스프SR 각 1개씩

만드는 법

p55와 오른쪽 그림을 참고해서 목걸이
를 만든다. 블랭킷 스티치로 특소 비즈
를 달아가면서 겉감과 안감을 함께 꿰맨
다.(p48 참고)

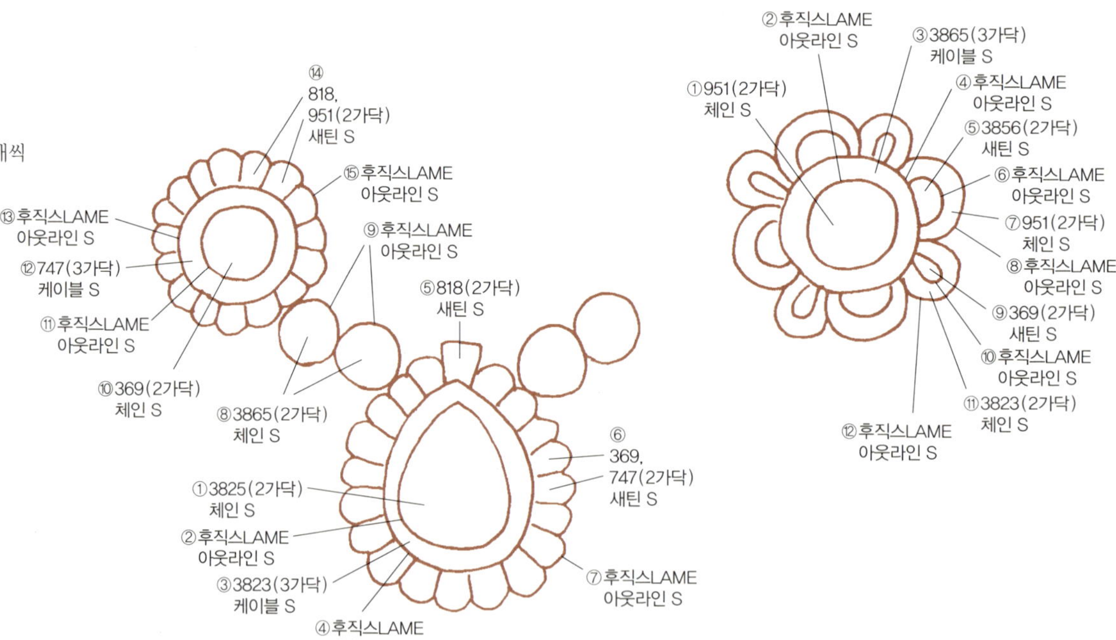

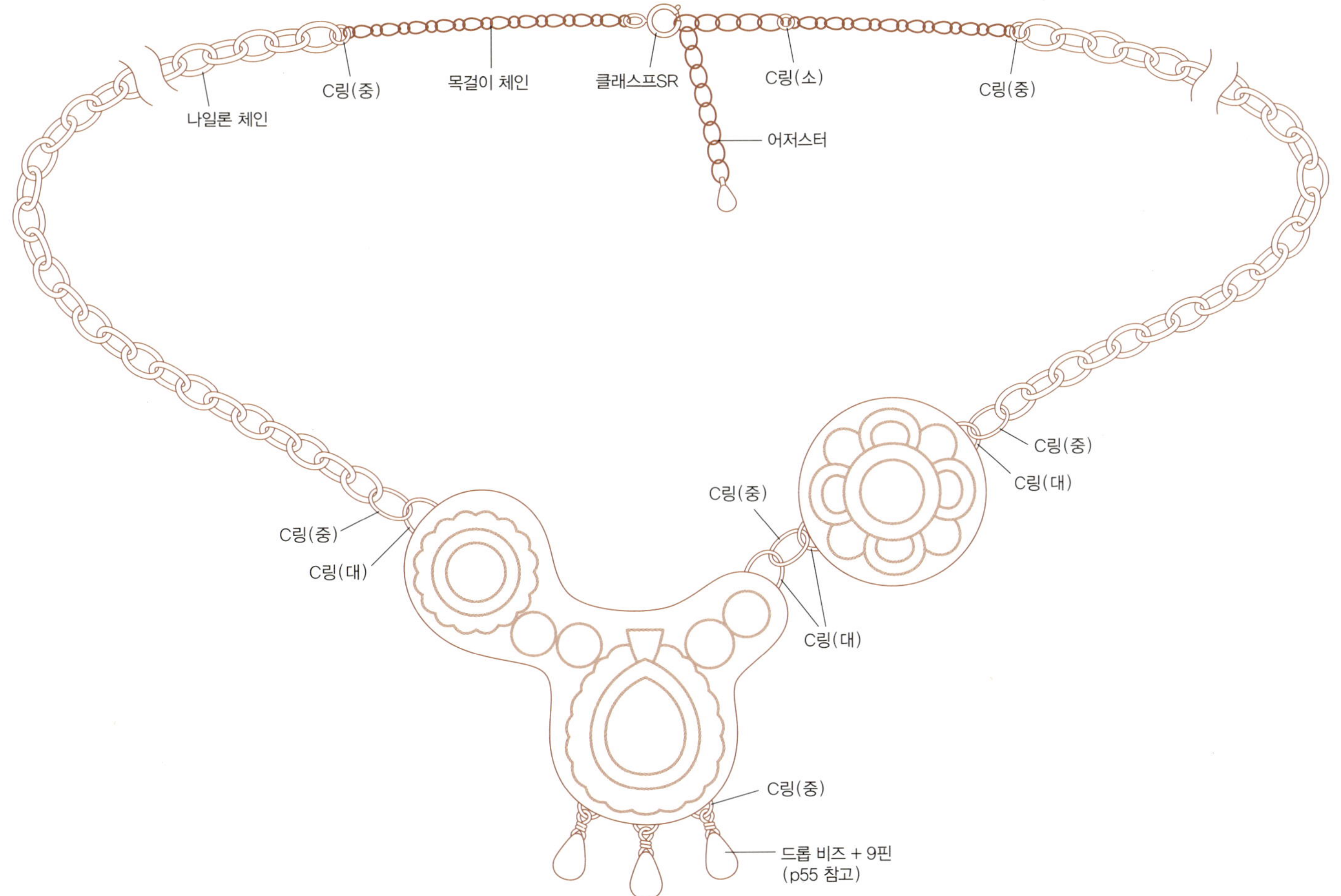

나일론 체인
C링(중)
목걸이 체인
클래스프SR
C링(소)
C링(중)
어저스터
C링(중)
C링(대)
C링(중)
C링(중)
C링(대)
C링(대)
C링(중)
드롭 비즈 + 9핀
(p55 참고)

레오파드 무늬 리본 { *photo : p.22* }

재료

- 겉감(펠트)
- 안감(인조가죽)
- 환소 비즈 적당량
- 비즈 전용 실 적당량
- 브로치 부품 1개

만드는 법

안감에 브로치 부품을 꿰매 단 다음(p54 참고) 브릭 스티치로 환소 비즈를 달아 가면서 겉감과 안감을 함께 꿰맨다.(p49 참고)

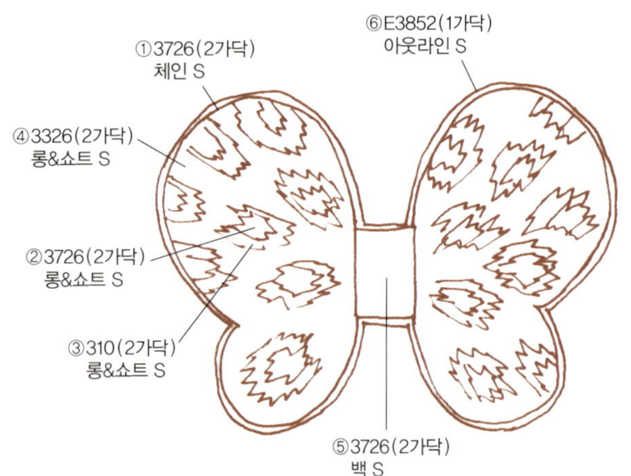

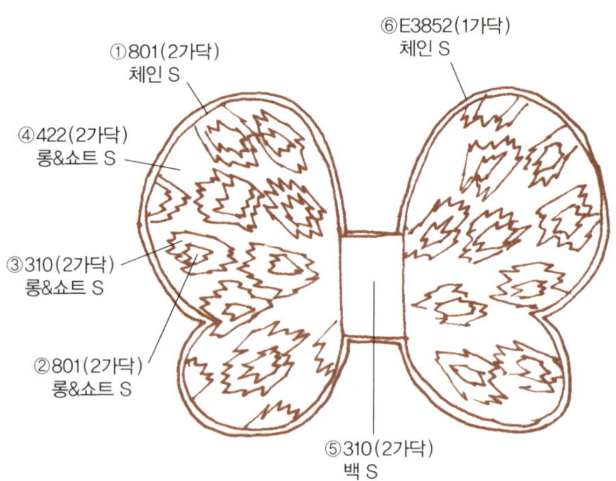

애니멀 무늬 리본 { *photo : p.23* }

재료

- 겉감(펠트)
- 안감(인조가죽)
- 특소 비즈 적당량
- 비즈 전용 실 적당량
- 펄 비즈 8개
- 9핀 8개
- C링(중) 6개
- C링(소) 13개
- 목걸이 체인 1개
- 어저스터, 클래스프SR 각 1개씩

만드는 법

겉감에 C링(중)을 꿰매 단다. 브릭 스티치로 비즈를 달아가면서 겉감과 안감을 함께 꿰맨다.(p49 참고) 9핀을 끼워 넣은 펄 비즈(오른쪽 사진)와 자수 부분을 C링으로 연결한 후에 오른쪽 그림을 참고해서 목걸이를 완성한다.

①3865(2가닥)
체인 S

② (위에서)
310
3865(2가닥)
아웃라인 S

③3865(2가닥)
백 S

①801(2가닥)
체인 S

②801(2가닥)
롱&쇼트 S

③310(2가닥)
롱&쇼트 S

④422(2가닥)
롱&쇼트 S

⑤3772(2가닥)
백 S

①407(2가닥)
체인 S

②745(1가닥)
체인 S

③801(2가닥)
롱&쇼트 S

④3820(2가닥)
백 S

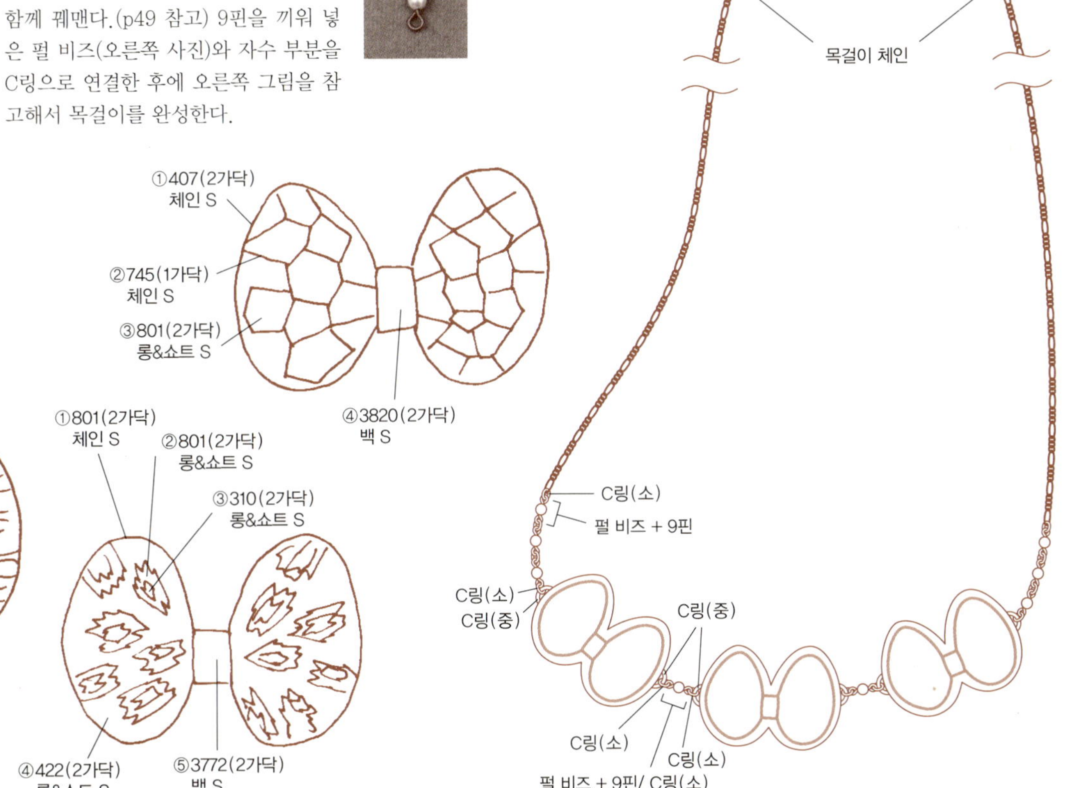

사자, 기린 { *photo : p.24-25* }

재료

- 겉감(평직 원단)
- 장식천(무명 프린트 무늬)
- 안감(무명 프린트 무늬)
- 접착심
- 퀼팅솜
- 브로치 부품 1개

만드는 법

겉감에 접착심을 붙인다. 안감에 브로치
부품을 꿰매 단 다음(p54 참고), 겉감과
장식천 사이에 퀼팅솜을 끼우고 블랭킷
스티치로 안감과 함께 꿰맨다.(p47 참고)

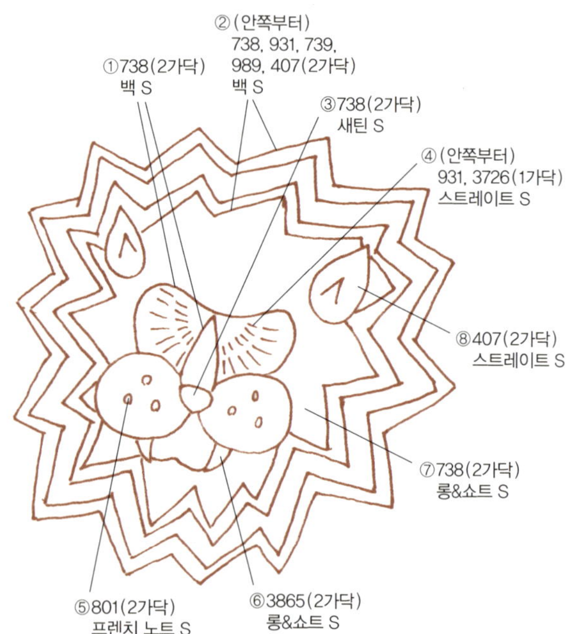

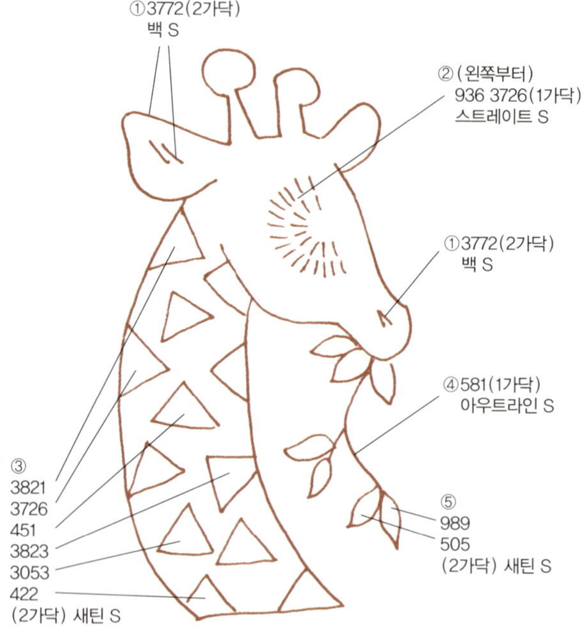

서커스 텐트 { *photo : p.26* }

재료

- 겉감(평직 원단)
- 안감(무명 프린트 무늬)
- 접착심
- 퀼팅솜
- 브로치 부품 1개

만드는 법

겉감에 접착심을 붙인다. 안감에 브로치 부품을 꿰매 단 다음(p54 참고) 겉감과 안감 사이에 퀼팅솜을 끼우고 체인 스티치로 피코를 만들어가면서 블랭킷 스티치로 함께 꿰맨다.(p47 참고)

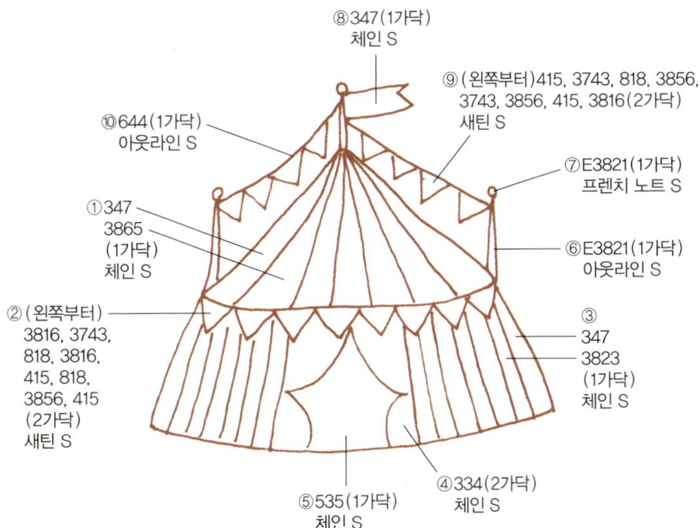

공룡 { *photo : p.27* }

재료

- 겉감(평직 원단)
- 안감(무명 프린트 무늬)
- 접착심
- 퀼팅솜
- 브로치 부품 1개

만드는 법

겉감에 접착심을 붙인다. 안감에 브로치 부품을 꿰매 단 다음(p54 참고), 겉감과 장식천 사이에 퀼팅솜을 끼우고 체인 스티치로 피코를 만들어가면서 블랭킷 스티치로 안감과 함께 꿰맨다.(p47 참고)

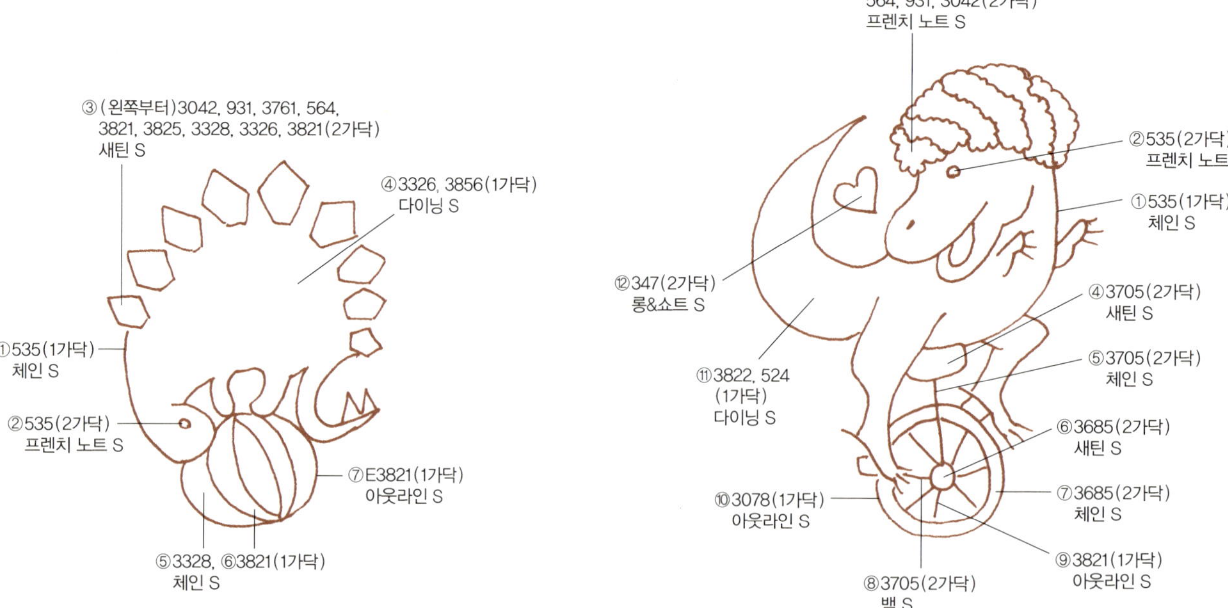

부엉이 { *photo : p.28* }

재료

- 겉감 (평직 원단)
- 장식천 (무명 프린트 무늬)
- 안감 (무명 프린트 무늬)
- 접착심
- 퀼팅솜
- 브로치 부품 1개

만드는 법

겉감에 접착심을 붙인다. 안감에 브로치 부품을 꿰매 단 다음(p54 참고), 겉감과 장식천 사이에 퀼팅솜을 끼우고 블랭킷 스티치로 안감과 함께 꿰맨다.(p47 참고)

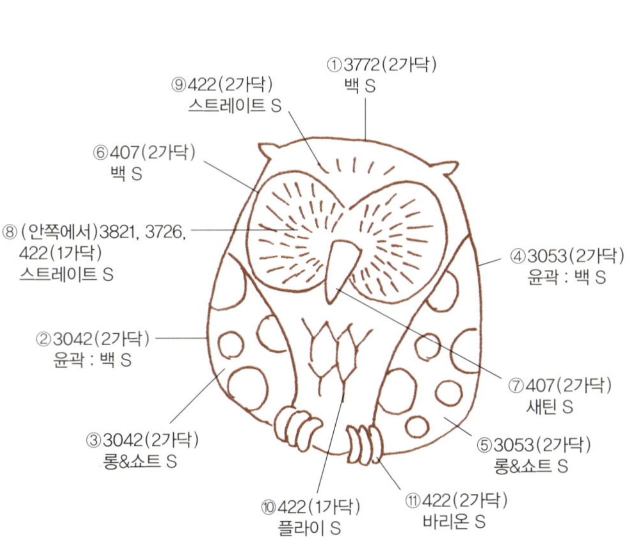

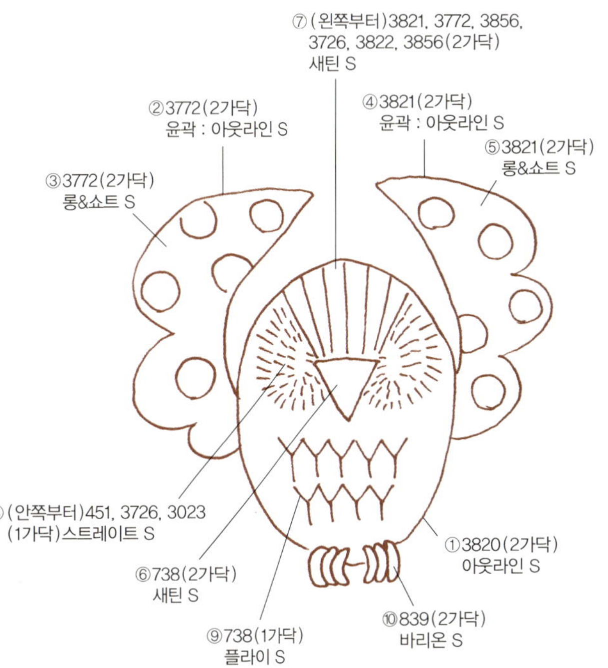

공작 { *photo : p.29* }

재료

- 겉감(평직 원단)
- 장식천(무명 프린트 무늬)
- 안감(무명 프린트 무늬)
- 접착심
- 퀼팅솜
- 브로치 부품 1개

만드는 법

겉감에 접착심을 붙인다. 안감에 브로치
부품을 꿰매 단 다음(p54 참고), 겉감과
장식천 사이에 퀼팅솜을 끼우고 블랭킷
스티치로 안감과 함께 꿰맨다.(p47 참고)

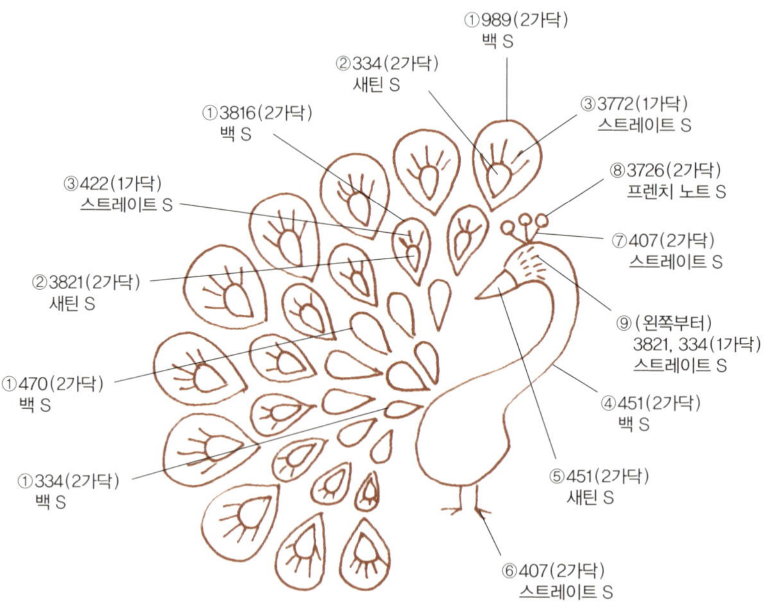

동물 & 숫자 { *photo : p.31* }

재료

- 겉감(평직 원단)
- 안감(무명 프린트 무늬)
- 접착심
- 퀼팅솜
- 브로치 부품 1개

만드는 법

p44~45를 참고해서 브로치를 완성한
다. 백 스티치로 겉감과 안감을 함께 꿰
맨다.(p46 참고)

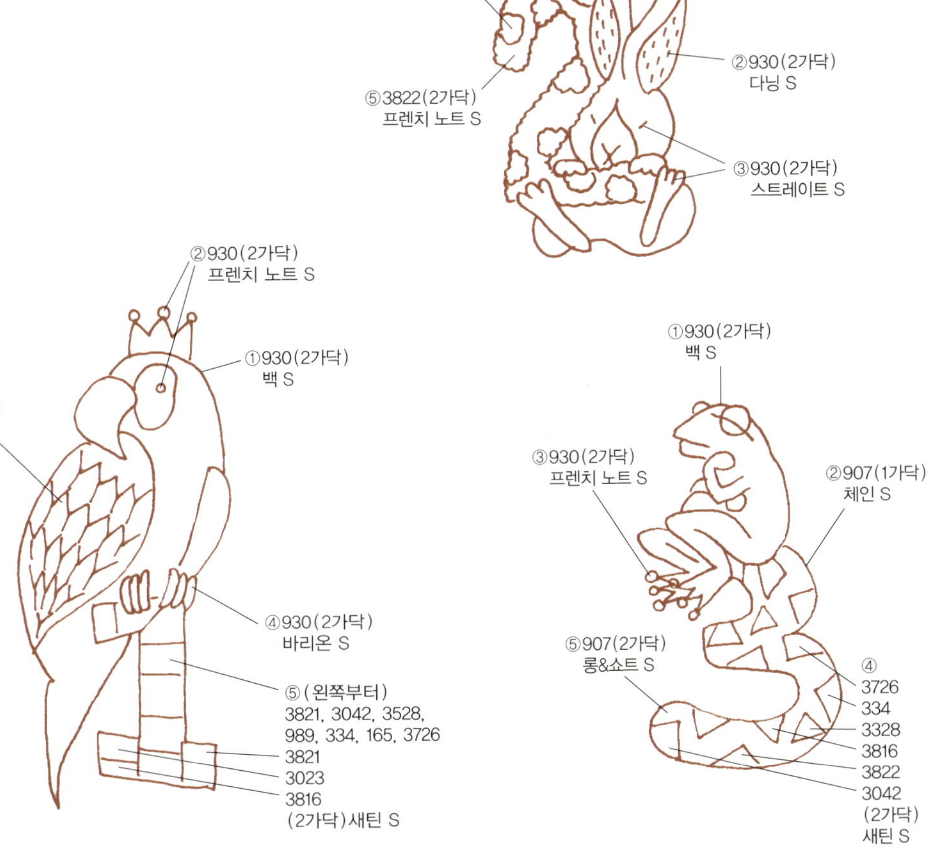

나비넥타이 { *photo : p.30* }

재료

- 겉감(평직 원단, 실크 천)
- 클립

만드는 법

1 세로 9×가로 17cm의 겉감을 준비하고 그림을 참고로 중심 부분에 수를 놓는다.

2 겉면이 안쪽으로 들어가게 접은 다음, 끝에서 1cm 부분을 꿰맨다.

3 겉면이 밖으로 나오게 뒤집은 다음, 자수 부분의 위와 아래 부분을 안쪽으로 접어 넣는다.

4 중심을 실로 오므리고 묶어서 리본 모양을 만든다.

5 테이프 모양으로 만든 천을 두른 다음 뒤쪽에서 꿰매 고정한다.

6 클립을 단다.

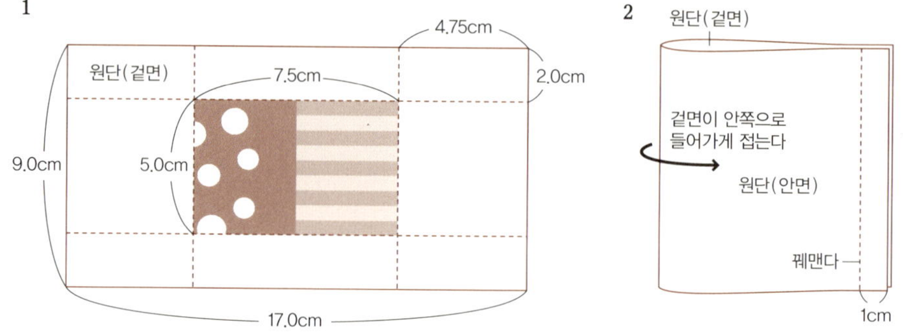

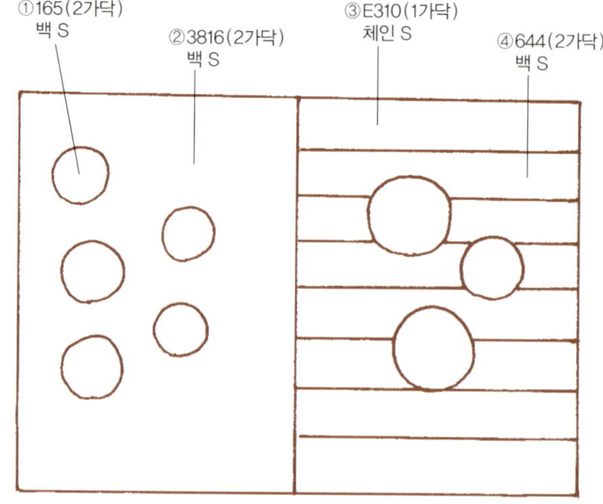

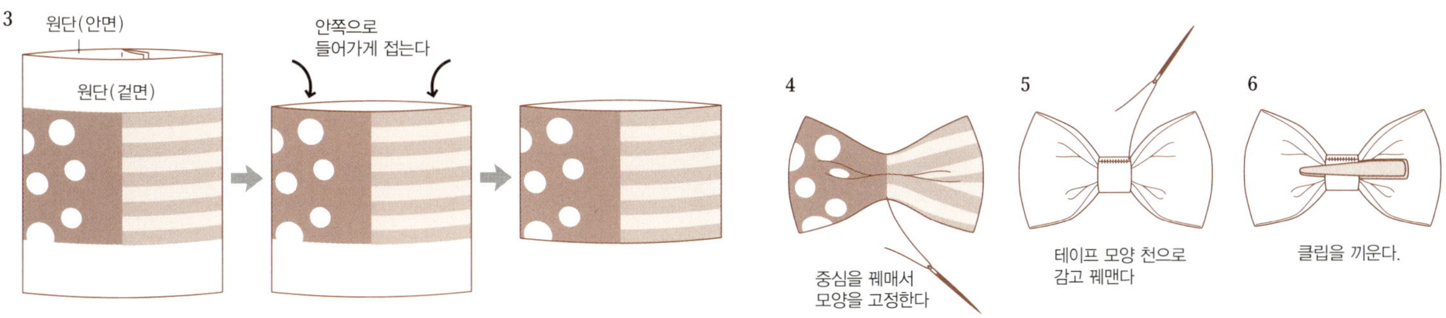

3
원단(안면)
원단(겉면)
안쪽으로
들어가게 접는다
4
중심을 꿰매서
모양을 고정한다
5
테이프 모양 천으로
감고 꿰맨다
6
클립을 끼운다.

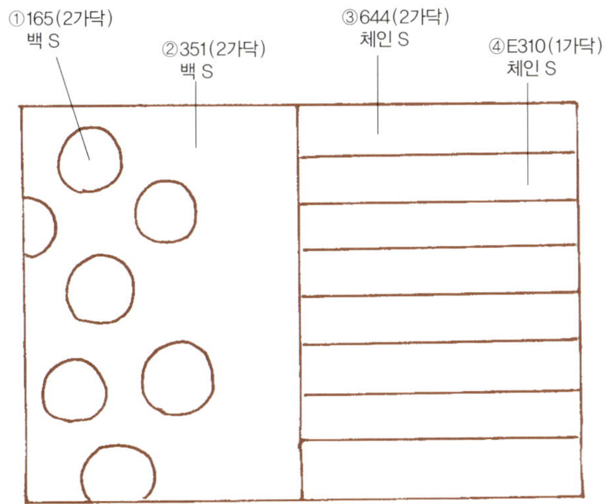

①165(2가닥)
백 S
②351(2가닥)
백 S
③644(2가닥)
체인 S
④E310(1가닥)
체인 S

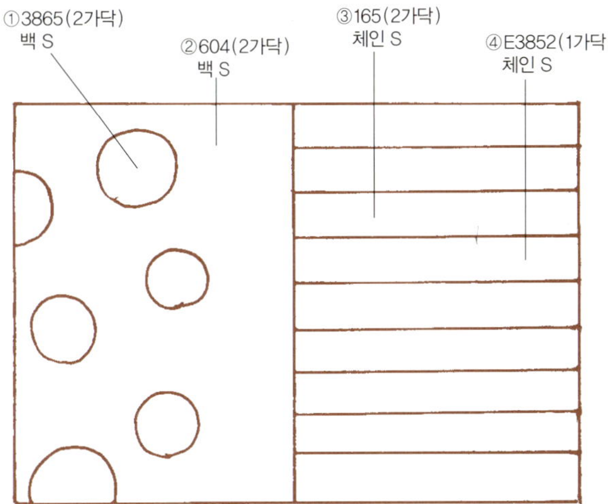

①3865(2가닥)
백 S
②604(2가닥)
백 S
③165(2가닥)
체인 S
④E3852(1가닥)
체인 S

물고기 { *photo : p.32* }

재료

- 겉감(평직 원단)
- 장식천(무명 프린트 무늬)
- 안감(무명 프린트 무늬)
- 접착심
- 퀼팅솜
- 브로치 부품 1개

만드는 법

겉감에 접착심을 붙인다. 안감에 브로치
부품을 꿰매 단 다음(p54 참고), 겉감과
장식천 사이에 퀼팅솜을 끼우고 블랭킷
스티치로 안감과 함께 꿰맨다.(p47 참고)

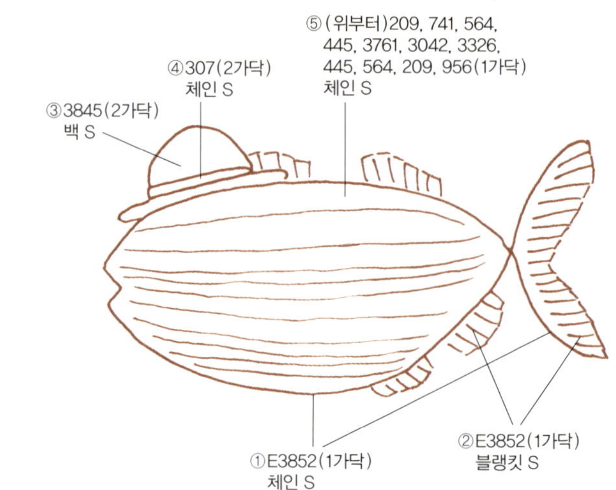

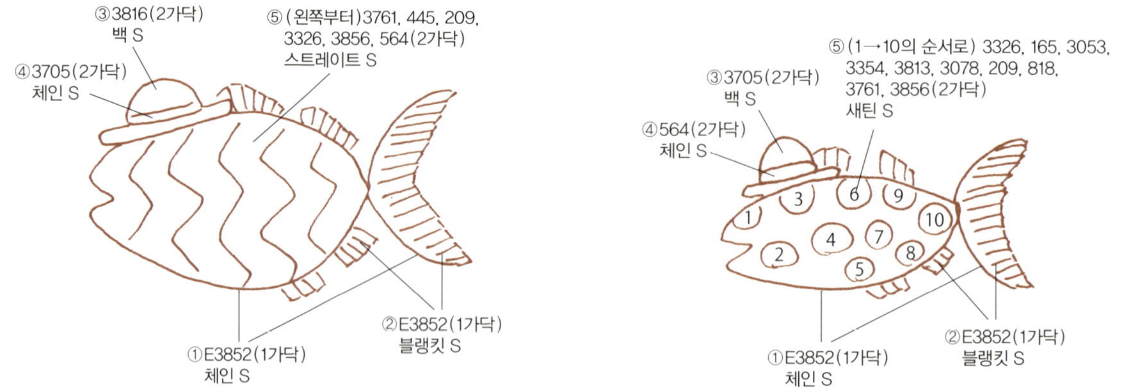

문어, 오징어 { *photo : p.33* }

재료

- 겉감(평직 원단)
- 장식천(무명 프린트 무늬)
- 안감(무명 프린트 무늬)
- 접착심
- 퀼팅솜
- 브로치 부품 1개

만드는 법

44~45페이지를 참고해서 브로치를 완성한다. 백 스티치로 겉감과 안감을 함께 꿰맨다.(p46)

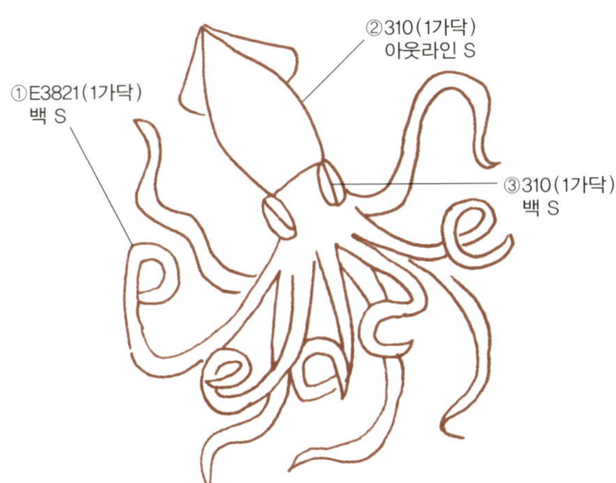

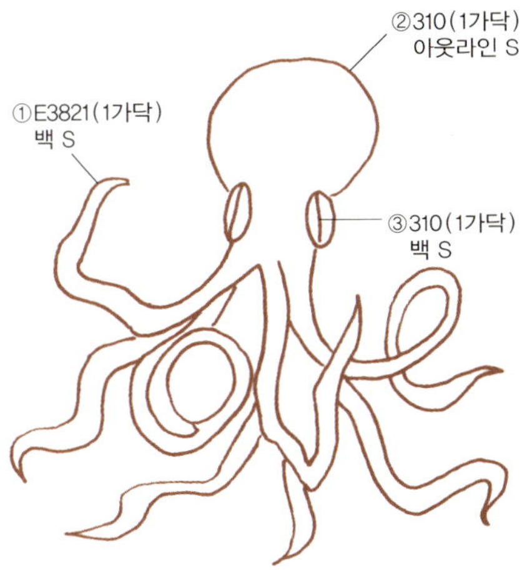

버섯 { *photo : p.34-35* }

재료

- 겉감(펠트)
- 안감(인조가죽)
- 특소 비즈 적당량
- 비즈 전용 실 적당량
- 브로치 부품 1개

만드는 법

안감에 브로치 부품을 꿰매 단다.(p54
참고) 자수 외곽으로 0.1cm를 남기고
겉감을 자른 후, 0.1cm 부분에 백 스티
치로 특소 비즈를 단다.(p48 참고) 블랭
킷 스티치로 겉감과 안감을 함께 꿰맨
다.(p48 참고)

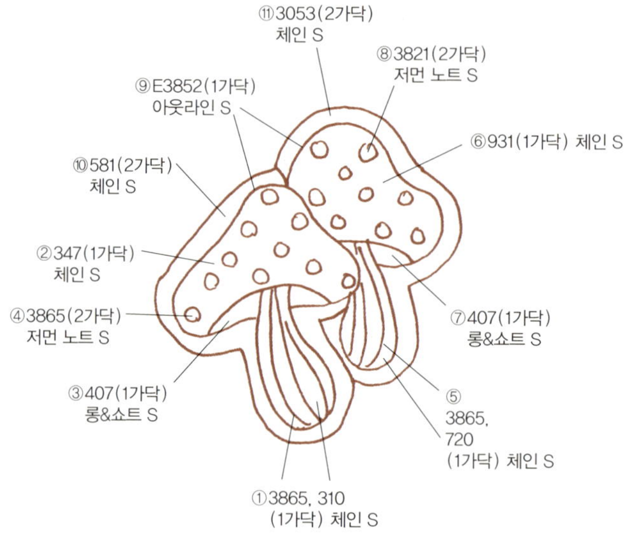

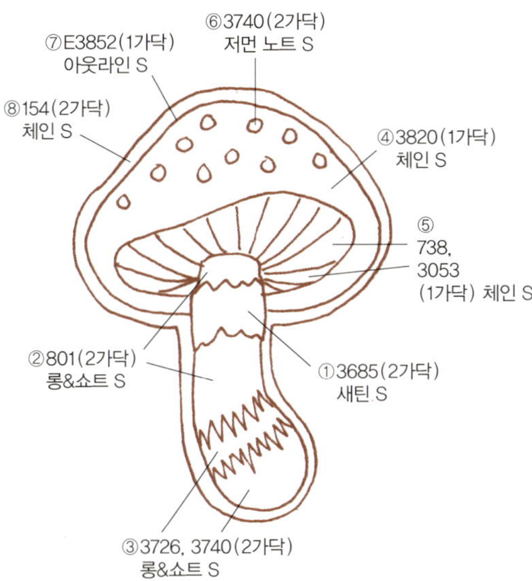

⑦E3852(1가닥) 아웃라인 S
⑥3740(2가닥) 저먼 노트 S
⑧154(2가닥) 체인 S
④3820(1가닥) 체인 S
⑤ 738, 3053 (1가닥) 체인 S
②801(2가닥) 롱&쇼트 S
①3685(2가닥) 새틴 S
③3726, 3740(2가닥) 롱&쇼트 S

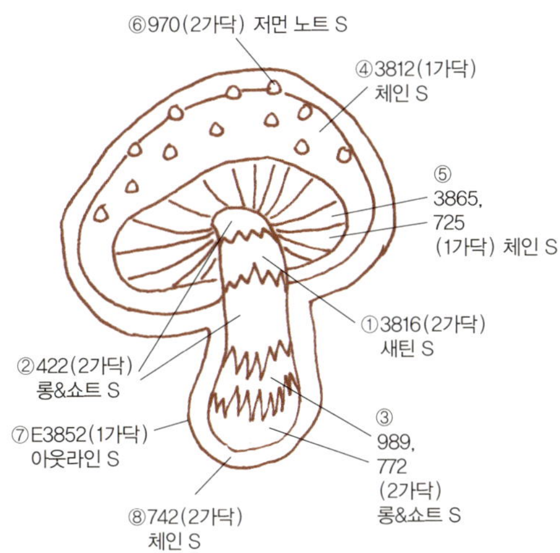

⑥970(2가닥) 저먼 노트 S
④3812(1가닥) 체인 S
⑤ 3865, 725 (1가닥) 체인 S
②422(2가닥) 롱&쇼트 S
①3816(2가닥) 새틴 S
⑦E3852(1가닥) 아웃라인 S
③ 989, 772 (2가닥) 롱&쇼트 S
⑧742(2가닥) 체인 S

딸기 { *photo : p.36* }

재료

- 겉감(펠트)
- 안감(인조가죽)
- 특소 비즈 적당량
- 비즈 전용 실 적당량
- 택핀 1쌍
- 크리스털 1개
- C링(중) 1개
- C링(소) 1개
- 9핀 2개

만드는 법

큰 딸기 겉감에 C링을 꿰매 단다. 작은 딸기 겉감 상부에 9핀을 꽂고, 하부에 C링을 꿰매 단다. 큰 딸기 안감에 을 꽂고(p54 참고) 브릭 스티치로 특소 비즈를 달아가면서 겉감과 안감을 함께 꿰맨다.(p49 참고) 9핀을 꽂은 크리스털을 작은 딸기에 달고, 작은 딸기를 9핀으로 큰 딸기에 단다.

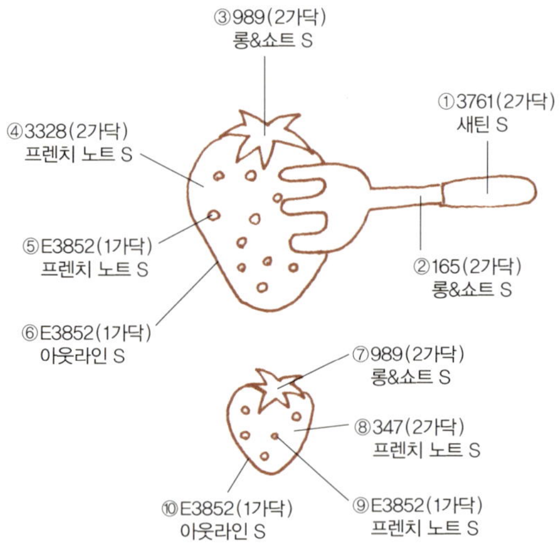

과일 { *photo : p.37* }

재료

- 겉감(펠트)
- 안감(인조가죽)
- 특소 비즈 적당량
- 비즈 전용 실 적당량
- 해트핀 1개

만드는 법

해트핀을 겉감에 붙이고(p54 참고) 브릭
스티치로 특소 비즈를 달아가면서 겉감
과 안감을 함께 꿰맨다.(p49 참고)

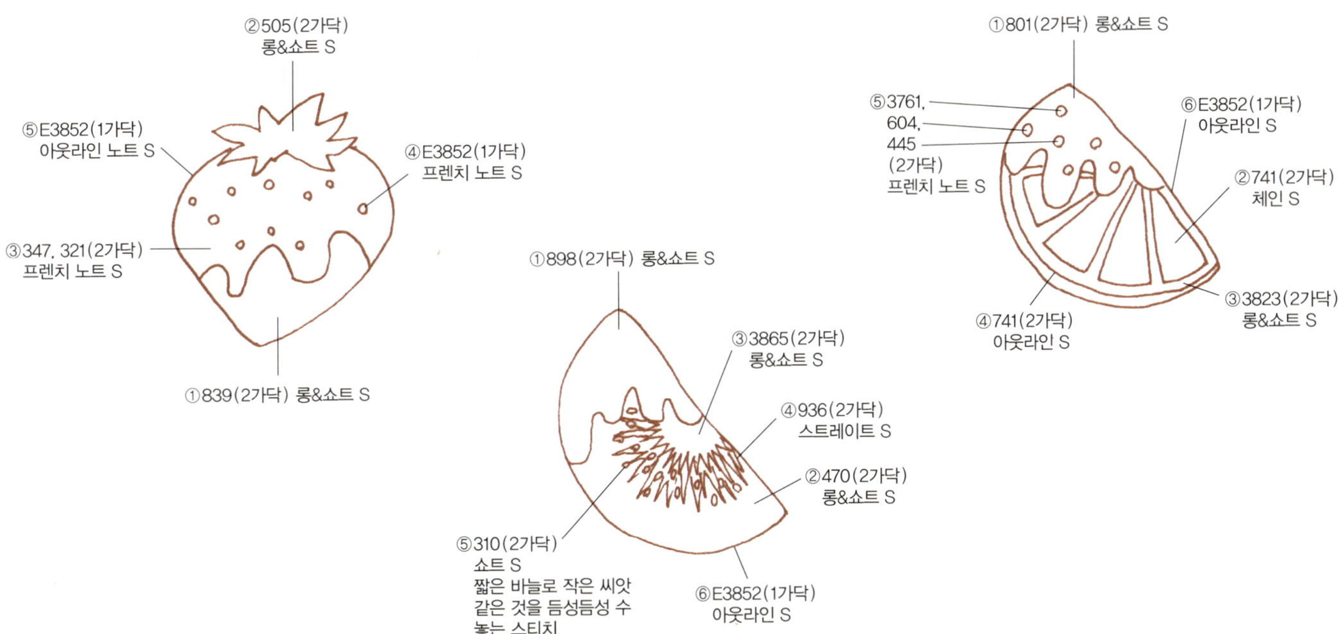

생일 케이크 { *photo : p.38* }

재료

- 겉감(평직 원단)
- 안감(무명 프린트 무늬)
- 접착심
- 퀼팅솜
- 브로치 부품 1개

만드는 법

44~45페이지를 참고해서 브로치를 완성한다. 백 스티치로 겉감과 안감을 함께 꿰맨다.(p46 참고)

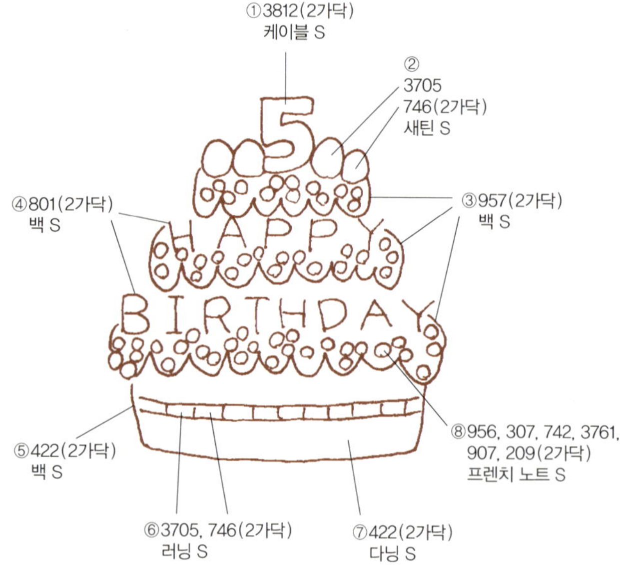

작은 스위츠 { *photo : p.38* }

재료

- 겉감(펠트)
- 안감(인조가죽)
- 특소 비즈 적당량
- 비즈 전용 실 적당량
- 택핀 1쌍

만드는 법

안감에 택핀을 꽂는다.(p54 참고) 자수 외곽으로 0.1cm를 남기고 겉감을 자른 후, 0.1cm 부분에 백 스티치로 특소 비즈를 단다.(p48 참고) 블랭킷 스티치로 겉감과 안감을 함께 꿰맨다.(p48 참고)

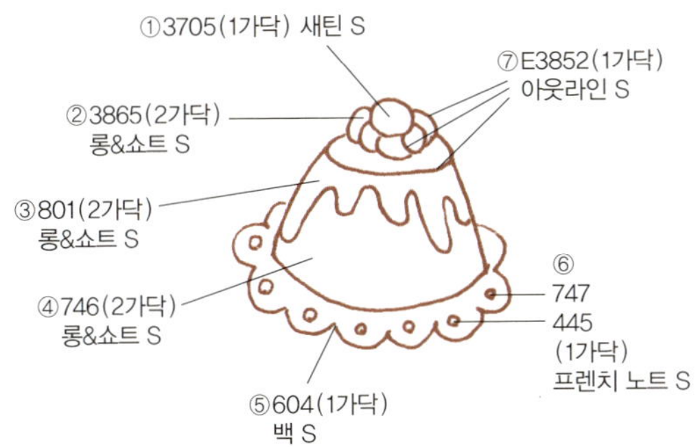

①3705(1가닥) 새틴 S
⑦E3852(1가닥) 아웃라인 S
②3865(2가닥) 롱&쇼트 S
③801(2가닥) 롱&쇼트 S
④746(2가닥) 롱&쇼트 S
⑤604(1가닥) 백 S
⑥ 747
445 (1가닥) 프렌치 노트 S

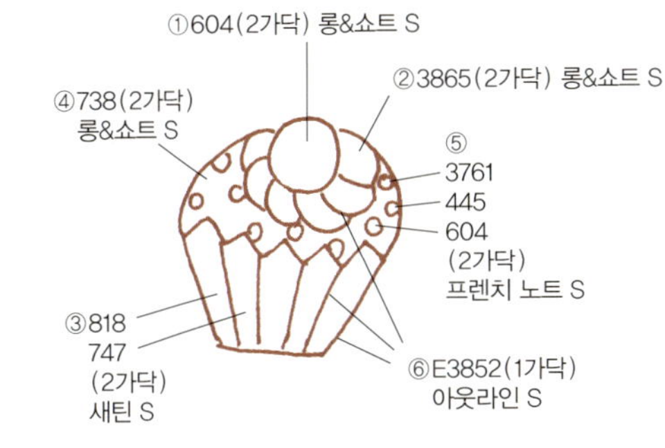

①604(2가닥) 롱&쇼트 S
②3865(2가닥) 롱&쇼트 S
④738(2가닥) 롱&쇼트 S
⑤ 3761 445 604 (2가닥) 프렌치 노트 S
③818 747 (2가닥) 새틴 S
⑥E3852(1가닥) 아웃라인 S

②818(2가닥) 롱&쇼트 S
①3326(2가닥) 롱&쇼트 S
③747(2가닥) 롱&쇼트 S
⑤739(2가닥) 롱&쇼트 S
④3855 369 (1가닥) 격자 모양으로 자수
⑥E3852(1가닥) 아웃라인 S

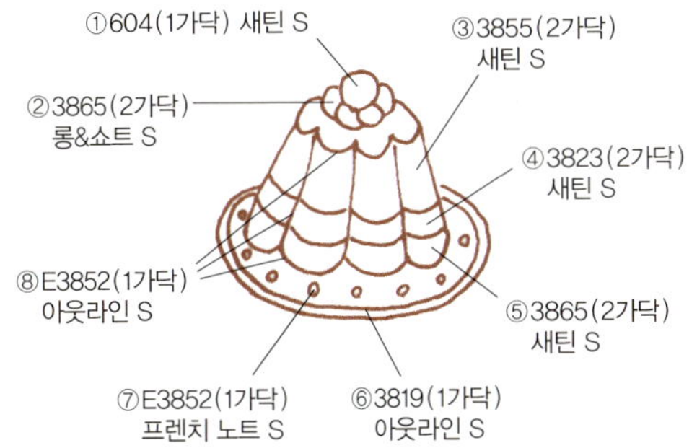

①604(1가닥) 새틴 S
③3855(2가닥) 새틴 S
②3865(2가닥) 롱&쇼트 S
④3823(2가닥) 새틴 S
⑧E3852(1가닥) 아웃라인 S
⑤3865(2가닥) 새틴 S
⑦E3852(1가닥) 프렌치 노트 S
⑥3819(1가닥) 아웃라인 S

재료

- 겉감(펠트)
- 안감(인조가죽)
- 특소 비즈 적당량
- 비즈 전용 실 적당량
- 펄 비즈 8개
- 9핀 8개
- C링(중) 6개
- C링(소) 13개
- 목걸이 체인 1개
- 어저스터, 클래스프SR 각 1개씩

만드는 법

겉감에 C링(중)을 각 2개씩 꿰매 단다.
브릭 스티치로 특소 비즈를 달아가면서
겉감과 안감을 함께 꿰맨다.(p49 참고)
9핀을 끼워 넣은 펄 비즈(아래 사진)와
자수 부분을 C링으로 연결한 후에 오른
쪽 그림을 참고해서 목걸이를 완성한다.

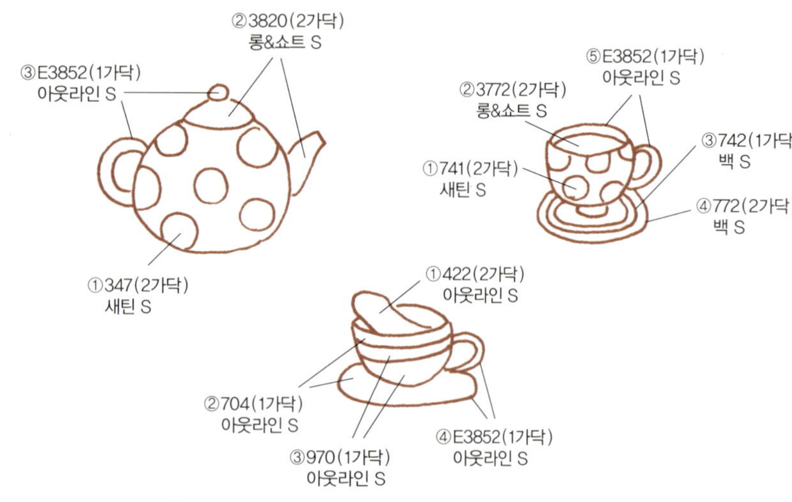

리본 { *photo : p.40-41* }

재료

- 겉감 (펠트)
- 안감 (인조가죽)
- 환소 비즈 적당량
- 비즈 전용 실 적당량
- 브로치 부품 1개

만드는 법

원하는 색상의 자수실로 겉감에 수를 놓
는다. 안감에 브로치 부품을 꿰매 단 다
음(p54 참고) 브릭 스티치로 환소 비즈
를 달아가면서 겉감과 안감을 함께 꿰맨
다.(p49 참고)

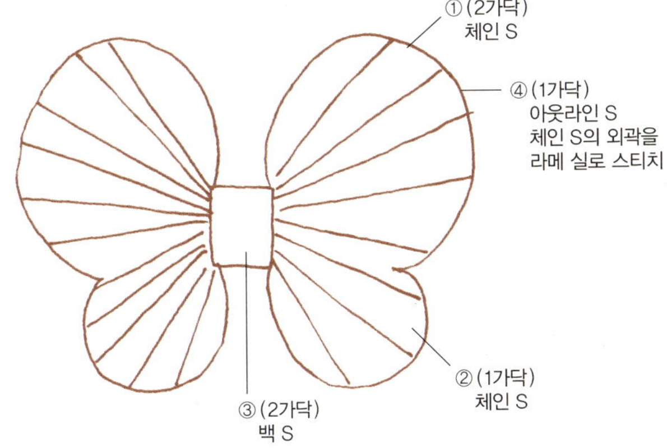

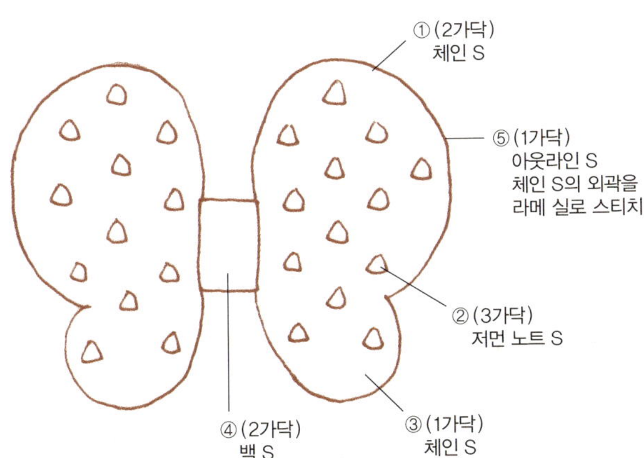

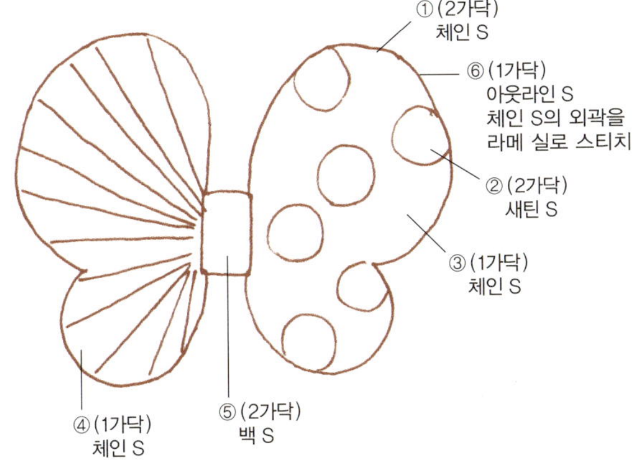

Staff

Book design	히라키 지구사
Photograph	가토 신사쿠
	와다리카(p44~55, 저자 근접 촬영)
Styling	구시노 히로에
Illust	웨이드(p56~95)
Editing support	사카이 노리코

《촬영 협력점》

mu・mu　　도쿄도 시부야구 에비스 남 1-11-15-1F 03-3794-8805
표지 / p6 주얼리 박스

《자수실 협력》

디엠씨주식회사　　03-5296-7831
　　　　　　　　http://www.dmc.com/(글로벌 사이트)
　　　　　　　　http://www.dmc-kk.com/(WEB카탈로그)

주식회사 후직스　　075-463-8111
　　　　　　　　http://www.fjx.co.jp/

작고 귀여운 자수 액세서리

2017년 2월 20일 초판 1쇄 인쇄
2017년 3월 10일 초판 1쇄 발행

지은이	야마카미 아이코
옮긴이	박승자
펴낸이	정상석
기획·편집	터닝포인트
편집 디자인	앤미디어
표지 디자인	R.eun
펴낸 곳	터닝포인트
등록번호	2005. 2. 17 제6-738호
주소	(03991) 서울특별시 마포구 동교로27길 53 지남빌딩 308호
대표전화	(02)332-7646
팩스	(02)3142-7646
ISBN	978-89-94158-09-9 10630
정가	12,000원

내용 및 원고 집필 문의　　diamat@naver.com

터닝포인트는 삶에 긍정적 변화를 가져오는 좋은 원고를 환영합니다.